中原地产红皮书2010 港澳卷

中原集团研究中心 著

中原地产（港澳区）

中国建筑工业出版社

本书以第一手的数据资料及调研资料，生动全面地分析介绍了2009年全年和2010年1月~8月香港及澳门地区房地产市场的整体概况，以及住宅市场、写字楼市场、商铺市场、工厦市场等各专业市场的发展与变化。此外，本书对香港和澳门几个热点专题进行了着重分析，包括对香港近期房屋政策的评价与思考、香港信贷变化对楼市的影响分析、强制拍卖门槛降低的影响分析、香港楼市中内地买家的分析以及对内地买家投资澳门物业的指引，并对2010年下半年以及2011年香港和澳门房地产发展进行了预测。本书可对房地产专业人员分析和研究市场环境与发展起到借鉴作用，对普通大众的投资置业行为也具有很强的指导意义。

编委会

序

楼市走向稳健发展之路

2010年，香港楼市有起有落，但整体仍朝着一个健康及正面之方向发展。宏观整体经济数字表现理想，外汇储备一直处于高水平、出口恢复正增长、通胀重现再加上失业率有持续下降之趋势，种种因素为房地产市场提供一个稳健之经济基础。

虽然，政府于本年两度推出对本地楼宇买卖调控之政策，楼市实时作出短暂调整，但亦快速恢复平稳增长。政策目标乃为楼宇买卖市场增加透明度，进一步保障消费者之权益，故对楼市之健康发展实有正面影响，对地产代理业界亦能提升其专业的形象，实能推动业界提供更优质之代理服务。

政府本年多次推出土地拍卖，增加土地供应，均获发展商积极响应，当中屡有地王诞生，实反映市民对住房需求之大。同时，丰厚之外汇储备令本港低息环境持续，相信会进一步促进住宅市场之交投，预期2010年楼市会持续稳步向升。

香港楼市未来仍会受种种外围因素影响，随着和内地有更密切的关系，国内GDP持续增长，促进内地人于本港投资，相信能带动本港楼市更蓬勃；另一方面，亦要视乎欧美市场的未来发展，例如美国息口之走势，以上因素皆会影响外资公司及国外金融机构于本港之投资金额，故对本港商铺及写字楼市场有一定影响力。

《中原地产红皮书》是中原集团研究中心和中原地产（港澳区）的精心著作，内容深入浅出分析各大城市的经济环境、土地政策、市场趋势、各类楼价的分析及未来前景，对地产业界、测量界、银行界、投资者以至一般买家，都是极具参考价值的信息。希望读者能细心阅读，从中获得裨益。

中原地产 港澳 总裁

2010年9月

目 录

楼　事

第11章　信贷对香港楼市影响

第12章　强制拍卖门槛由九成降至八成的影响

第13章　来港投资及移民潮起　香港豪宅备受青睐

第14章　澳门投资机会可期

数　据

第15章　香港房屋政策及市场

插图目录

表格目录

引言　调整结束重拾升轨

中原地产港澳　总裁　黄伟雄

香港经济体系稳健，于金融海啸后，本港经济已快速复苏，而楼市经过调整期后，到本年更录得急速增长。虽然政府于2010年4月及8月分别推出防止楼市过热之措施，但楼市经一轮短暂调整后亦稳步上升，对楼市长远之健康发展亦起正面作用，反映物业市场之保值及升值潜力明显较其他投资工具高。

资金充裕是维持楼市其中主要因素之一。根据香港金融管理局提供之数据显示，截至2010年8月底，本港录得之外汇储备高达20304亿港元，相当于香港流通货币的9倍多。其中港人储蓄率相当高，达到整体GDP的三成。这不但反映香港经济基调良好，亦反映低利率仍会维持一段长时间，无疑加强市民之置业信心，是维持楼市向好之一大主因。

次按危机出现后，港产品出口由2008年3月至2009年10月期间，连续十九个月维持负增长；直到2009年11月，出口恢复正增长至今，相信未来亦会稳步增加；而且直至2010年3月，按年增幅曾高达29.1%，显示出口增长有加快之迹象，对楼市亦有一定之正面影响。

金融海啸后，本地生产总值GDP由2008年第四季开始，连续四个季度出现负增长；但是自2009年第四季起，GDP恢复正增长，2010年第一季的增长更高达8.2%。另外，金融海啸后，社会上出现通缩压力，通胀率CPI由2008年8月的6.3%下降到2009年7月的-0.3%；及后5个月，CPI见底横行。由2009年12月起至今，CPI恢复正数；直至本年7月，CPI上升至1.9%，反映通胀重现，同时亦成为楼市持续稳步上升之支持理据之一。

除此以外，实体经济亦逐渐向好。金融海啸后，失业率由3.2%上升到5.4%，但由2009年9月起回落，到2010年7月报4.3%，并有持续下降之趋势。同时，金融海啸后，流入香港的八千多亿港元资金，至今没有流走，反映大部分投资者对香港市场充满信心。种种数据显示楼市于未来仍然乐观，稳健的经济增长更有利楼市进一步向好。

根据CCI中原城市指数走势，CCI由2009年1月到2010年6月，18个月累升38%，显示楼市于过去一年稳步上升，并已经超越了80点之调整位；虽然两次受到政府推出压抑楼市措施的影响，楼价于4月及8月短暂调整，但是由本年山谷道地王及九龙义德道地王诞生后，短暂调整便随之结束。由现时起计，CCI重返九七年高峰的100点，估计需时一年至两年时间。

租金方面，由2009年4月到2010年5月，私人住宅租金于这14个月内累升31.8%，更平了金融海啸前之高位，而且有进一步上扬之走势；由现时起计，租金再升17%便重返九七年高峰，估计需时一年至两年。

而至于成交量方面，整体楼宇买卖合约数字2010年上半年有77262宗，总值3110亿港元，预测全年宗数可达16万宗，总值约7000亿港元，宗数及金额均是九七年后的新高。反映一手新盘带动，二手市况亦见畅旺，更有机会突破九七年之买卖宗数。同时预料工商铺楼宇全年买卖宗数可达1.4万宗，总值达1300亿港元，金额为九七后之新高。总结来说，现时楼价升势不绝，预测楼价和租金均会在一年到二年间重返九七高峰。

Photo by: Hu wenkit 胡文杰 (www.pdoing.com)

Market
城市

港　澳 | GANGAO

第1章　香港住宅市场全面升温

1.1 2010年二手居屋①买卖量创十五年历史新高

香港中原地产研究部主任　罗家宁

2010年整体大市向好，市民的薪金上调及低息持续等利好因素，刺激不少买家急欲置业上车，令居屋成为入市的目标。2010年平均每月录得超过九百宗二手居屋登记，比2009年的七百多宗高出近三成。再者，政府提出活化二手居屋计划，以及6月份3219个一手居屋货尾单位申请反应踊跃，带动二手居屋交投畅旺，7月和8月的登记量更录得逾千宗水平，预计全年登记量可达一万宗以上。

2010年首八个月的二手居屋买卖合约登记（包括居屋自由市场及第二市场）录得7641宗，预期全年约有11000宗，将较2009年的8905宗上升两成四，创下1996年有记录以来的15年历史新高。金额方面，2010年首八个月的二手居屋登记总值为128.53亿港元，已经超越2009年全年的127.90亿港元，预料全年达185亿港元，按年上升四成半，将突破1997年的182.79亿港元高位，创15年历史新高。

图1-1　香港二手居屋买卖合约登记按年统计（1996～2010年）

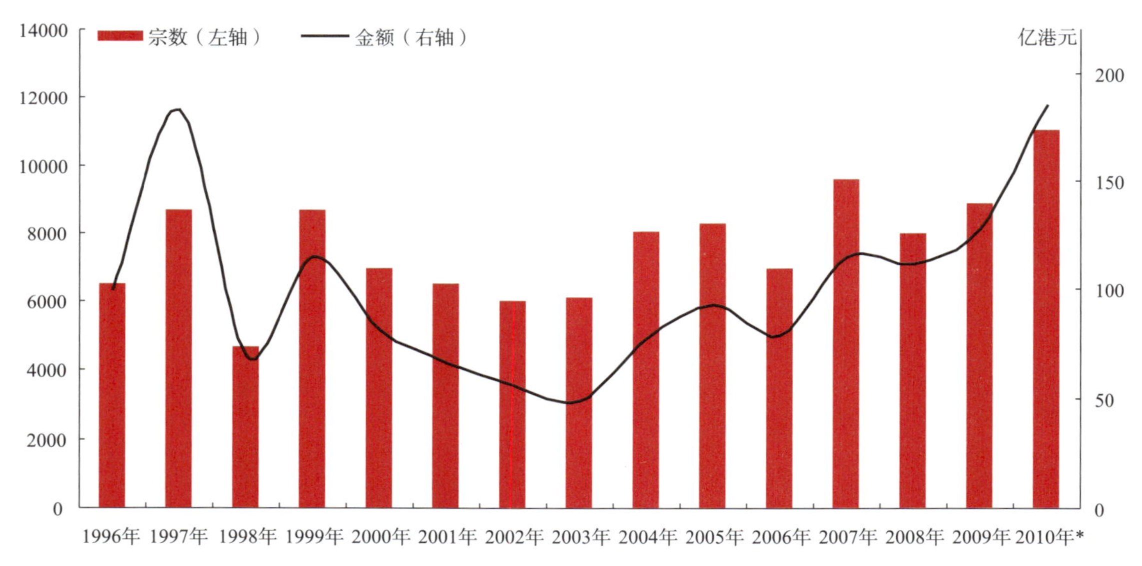

注：*为预测数字。
数据来源：香港中原地产研究部。

受到楼价上涨影响，高价二手居屋买卖明显增多。2010年首八个月录得14宗四百万港元或以上的二手居屋买卖登记，而2009年全年仅录得1宗。

---

① “居屋计划”的全称是“居者有其屋”计划，是香港房屋委员会于1970年代开始推出的计划，私人机构也可参建居屋计划。其目的是为收入不足以购买私人楼宇的市民和收入较高的公屋居民，提供出租公屋以外的自置居所选择。这实质是一项补贴性的住房计划。申请“居屋”者要受收入水平限制，所购“居屋”转让时必须进入“居屋市场”；若想进入不受限制的完全市场，则要向香港房委会补缴政府补贴性资金。

2010年首八个月买卖登记金额较高的首三名均位于筲箕湾“东旭苑”。其中1月份“东致阁”（B座）高层4室单位，成交价达489.1万港元，这个单位的买卖金额创1997年之后的13年新高。另外，8月份“东致阁”（B座）中层5室单位，成交价录488.2万港元居次。8月份“同屋苑”的“东丽阁”（D座）低层3室单位，成交价录476.8万港元，排名第三位。

香港买卖登记金额较高的二手居屋登记个案（2010年1月～2010年8月） 表1-1

登记日期	区 份	地 址	金额（万港元）
2010年1月	筲箕湾	东旭苑 东致阁（B座）高层4室	489.1
2010年8月	筲箕湾	东旭苑 东致阁（B座）中层5室	488.2
2010年8月	筲箕湾	东旭苑 东丽阁（D座）低层3室	476.8
2010年8月	黄大仙	富强苑 富雅阁（F座）中层7室	463.0
2010年8月	红磡	家维村 家安楼（8座）高层A室	458.0
2010年8月	鲗鱼涌	康山花园8座高层G室	458.0

数据来源：香港中原地产研究部。

以呎价计算，2010年首八个月有7宗呎价超过6000港元的二手居屋买卖登记。呎价较高的登记个案主要为鲗鱼涌“康山花园”，该屋苑的4座高层H室单位，面积521呎，呎价录6679港元。另外，“同屋苑”的1座高层E室和8座高层G室，面积为521呎和717呎，呎价分别录6564港元和6388港元。

虽然2010年的高呎价二手居屋买卖与1997年的近8000港元尚有一段距离，但优质居屋价格不断上升，以致部分二手居屋呎价已经与现时中小型二手私人屋苑水平相若。

香港买卖登记呎价较高的二手居屋登记个案（2010年1月～2010年8月） 表1-2

登记日期	区 份	地 址	金额（万港元）	面积（呎）	呎价（港元）
2010年8月	鲗鱼涌	康山花园4座高层H室	348.0	521	6679
2010年8月	鲗鱼涌	康山花园1座高层E室	342.0	521	6564
2010年8月	鲗鱼涌	康山花园8座高层G室	458.0	717	6388
2010年7月	鲗鱼涌	康山花园7座高层E室	357.0	587	6082
2010年8月	红磡	家维村 家安楼（8座）高层A室	458.0	754	6074

数据来源：香港中原地产研究部。

2010年首八个月有十三个居屋屋苑的二手登记突破一百宗水平。沙田“穗禾苑”以269宗买卖登记称冠，总值4.55亿港元。其次是屯门“兆康苑”，录得236宗，总值2.88亿港元。九龙湾“丽晶花园”有233宗，位列第三，总值4.31亿港元。屯门“兆禧苑”、蓝田“康华苑”和钻石山“龙蟠苑”，首八个月分别录179宗、149宗和146宗。

香港登记宗数较高的二手居屋屋苑统计（2010年1月～2010年8月） 表1-3

区 份	屋苑名称	宗 数	金额（亿港元）
沙田	穗禾苑	269	4.55
屯门	兆康苑	236	2.88
九龙湾	丽晶花园	233	4.31
屯门	兆禧苑	179	1.93
蓝田	康华苑	149	2.30

续表

区　份	屋苑名称	宗　数	金额（亿港元）
钻石山	龙蟠苑	146	2.95
上水	彩蒲苑	137	1.83
马鞍山	富安花园	117	1.97
屯门	泽丰花园	113	1.28
屯门	悦湖山庄	103	1.36
马鞍山	锦英苑	102	1.75
黄大仙	天马苑	102	1.66
天水围	天盛苑	101	1.28

数据来源：香港中原地产研究部。

至于“摩货”[①] 方面，2010年首八个月以确认人身份转让的二手居屋“摩货”买卖合约登记录得68宗，总值1.07亿港元。首八个月的二手居屋摩售占同期整体二手居屋买卖7641宗的0.9%，较2009年全年的0.5%上升0.4个百分点。纵使居屋摩售比例回升，但仍处于一个百分点以下的低水平，与九七年的9.1%相距甚远。显示二手居屋市道主要受用家需求增加所支持，居屋短炒活动并不活跃。

1.2 2010年二手公屋[②] 售价首次升穿二百万港元

香港中原地产研究部主任　罗家宁

本港楼价持续上升，刺激二手公屋成交价屡创新高。在2010年的短短九个月之内，最贵公屋已经五度打破旧有记录。市场最新出现1宗逾200万港元的二手公屋成交，是位于沙田耀安邨“耀颂楼”17楼10室，成交价达207.0万港元。这个单位刚破2010年9月份长沙湾李郑屋邨“和睦楼”8楼13室的198.0万港元，成为历年新高。第三位是8月份黄大仙竹园北邨“桐园楼”24楼9室，成交价录196.9万港元。二百万港元的售价可以购买新界私人屋苑的住宅单位，可见香港楼市热潮已经由私楼市场蔓延到公屋二手市场。而上一次首次出现逾一百万港港元的二手公屋买卖是于2004年6月份登记的2个单位，分别是黄大仙凤德邨“朱凤楼”19楼4室（111.6万港元）和黄大仙凤德邨“朱凤楼”8楼19室（105.0万港元）。

2010年暂时有9宗二手公屋个案打入历年十大高价成交榜之内，可见市场上越来越多高价二手公屋成交。2010年首八个月的二手公屋买卖登记金额录得3.52亿港元，已经超越2009年全年的3.09亿港元，创2000年有记录以来的11年历史新高，估计2010年全年将达5亿港元，按年上升约六成。

香港十大最高买卖金额的二手公屋登记个案（2008～2010年）　表1-4

登记日期	金额（万港元）	区　域	地　址
尚未登记	207.0	沙田	耀安邨 耀颂楼 17楼 10室
2010年9月	198.0	长沙湾	李郑屋邨 和睦楼 8楼 13室
2010年8月	196.9	黄大仙	竹园北邨 桐园楼 24楼 9室
2010年3月	180.0	沙田	耀安邨 耀颂楼 17楼 10室
2010年1月	178.6	长沙湾	李郑屋邨 廉洁楼 25楼 9室

① 摩货是一种市场投机的行为，正式名称是以确认人身份转让的二手私人住宅或楼花。即确认人与卖家签订临时买卖合约后，在正式签署楼契及支付余款前，已将单位的业权转让至第三方或第四方或更多参与者。

② 公屋买卖即租者置其屋计划，是房屋委员会于1998年开始推出的置业计划，目的是帮助辖下的低收入的公共屋邨租户，以可负担的价钱购买现居的租住单位。

续表

登记日期	金额（万港元）	区　域	地　址
2010年7月	173.0	沙田	博康邨 博智楼 17楼 20室
2010年3月	170.0	黄大仙	凤德邨 朱凤楼 1楼 12室
2010年7月	165.0	大埔	运头塘邨 运亨楼 20楼 16室
2008年2月	165.0	沙田	博康邨 博泰楼 32楼 5室
2010年2月	164.3	黄大仙	东头邨 富东楼 20楼 2室

数据来源：香港中原地产研究部。

香港历年来百万港元或以上成交较多的二手公屋屋邨统计（截至2010年8月）　　表1-5

区　域	屋苑名称	宗　数	总值（万港元）
上水	天平邨	32	3681.6
沙田	博康邨	30	3736.0
蓝田	德田邨	29	3678.3
黄大仙	竹园北邨	28	3793.8
黄大仙	东头邨	25	3176.8
粉岭	华明邨	25	2790.8

数据来源：香港中原地产研究部。

随着本港楼市买卖气氛畅旺，经济回稳，失业率下降等，基层市民的买楼意欲及能力大大提升，刺激二手公屋市道活跃，自2006年起公屋买卖连续五年录得增长。2010年首八个月二手公屋买卖登记录得352宗，预期全年约有510宗，将较2009年的393宗上升近三成，为11年历史新高。

到2010年8月为止，历年累积录得344宗100万港元或以上的二手公屋买卖，当中2010年有172宗，占总数的50.0%，并较2009年全年的79宗高出1.2倍。

在344宗100万港元或以上的二手公屋买卖中，上水“天平邨”录得最多百万港元公屋登记，有32宗，总值3681.6万港元。沙田“博康邨”录30宗居次，总值3736.0万港元。蓝田“德田邨”录29宗，排名第三位，总值3678.3万港元。

以三个主要分区计算，历年逾百万港元二手公屋成交主要集中在新界区，该区共有195宗登记，占整体344宗百万港元登记的56.7%。而九龙区有131宗，所占的比率为38.1%。至于港岛区只占18宗，比率录5.2%。

因为过去一年半楼价向升，吸引不少公屋业主短期转让物业图利。在2010年首八个月的172宗百万港元公屋登记中，有46宗为短期转让个案，即业主在一年之内将单位转售。获利最多的是沙田显径邨显德楼20楼的单位，业主持货213天，转售账面获利73.5万港元。其次是大埔“运头塘邨”“运亨楼”20楼的单位，业主持货288天，转售账面获利53.0万港元。

其他43宗公屋短期转让个案，业主分别持货8天到365天不等，账面获利介乎5万港元至49万港元。另外，有1宗平手离场个案。

若以买卖登记宗数计算，2010年首八个月登记宗数最多的是上水“天平邨”，录得40宗，总值4234.0万港元。粉岭“华明邨”录26宗，位列第二，总值2717.5万港元。蓝田“德田邨”和屯门“良景邨”各录19宗，并列第三位，分别总值2464.4万港元和1344.8万港元。

图1-2　香港二手公屋买卖合约登记按年统计（2000～2010年）

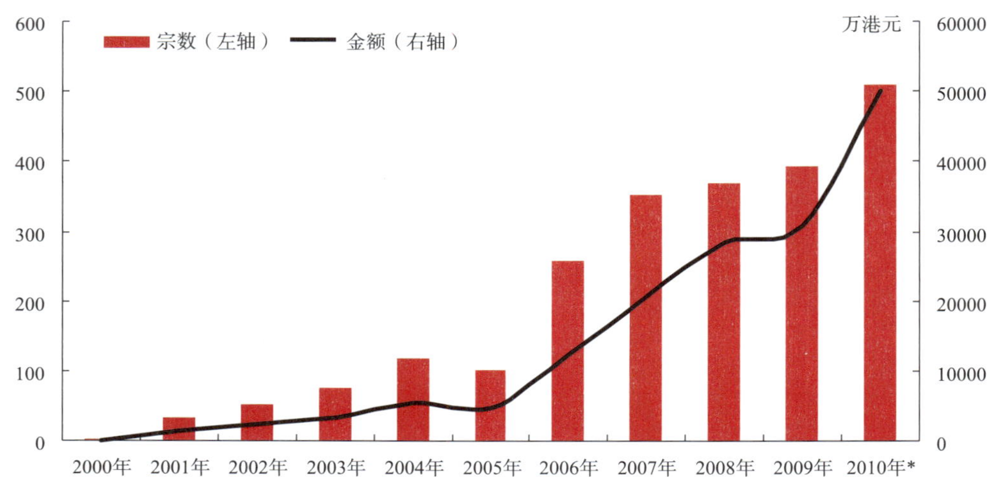

注：*为预测数字。
数据来源：香港中原地产研究部。

1.3 2010年二手夹屋[①]买卖平稳畅旺

香港中原地产研究部主任　罗家宁

2010年二手夹屋市道保持平稳畅旺，首八个月的二手夹屋买卖合约登记录得216宗，预期全年约有320宗，将较2009年的307宗轻微上升约四个百分点。二手夹屋买卖连续两年达三百宗以上高水平，显示夹屋走势稳定上扬，2010年的数字为1999年有记录以来的12年历史新高。

由于市场的需求增加，3月份房协一次过出售838个夹屋一手货尾单位成为焦点，而且一手夹屋定价相宜，吸引不少用家申请，一度影响第二季的二手夹屋市况回软。不过，受到市民的强劲买楼意欲带动，7月和8月的二手夹屋买卖重上逾30宗。现时楼市前景乐观，估计第四季每月的登记量可望处于25宗左右。

金额方面，2010年首八个月的二手夹屋登记总值6.0亿港元，预计全年约达9亿港元，将较2009年的7.46亿港元上升约两成。夹屋楼价跟随大市上扬，以致登记金额的升幅明显较宗数升幅为高。

根据资料，2010年首八个月有4宗四百万港元或以上的二手夹屋买卖登记，显示部分夹屋的楼价已经与市区二手私人屋苑看齐。当中买卖登记金额最高的个案为7月份何文田“欣图轩”第1座高层D室单位，成交价达450.0万港元，并为历年次高，仅低于2009年8月份何文田“欣图轩”第3座高层J室的471.0万港元。而7月份沙田“晴碧花园”第1座高层G室单位，涉及金额录438.8万港元，是2010年的第二高，并为历年第三高。

另外，4月份何文田“欣图轩”第4座低层G室和8月份鸭脷洲“悦海华庭”第2座高层H室，成交价分别录430.0万港元和400.0万港元。

---

① 夹屋买卖即夹心阶层住屋计划，是房屋协会于1990年代初兴建出售单位，并以优惠价格发售予不足以购买私人楼宇，又不合资格申请居屋及公屋的中等入息市民。

香港十大最高买卖金额的二手夹屋登记个案（2009～2010年） 表1-6

登记日期	区 份	地 址	金额（万港元）
2009年8月	何文田	欣图轩 第3座 高层J室	471.0
2010年7月	何文田	欣图轩 第1座 高层D室	450.0
2010年7月	沙田	晴碧花园 第1座 高层G室	438.8
2010年4月	何文田	欣图轩 第4座 低层G室	430.0
2010年8月	鸭脷洲	悦海华庭 第2座 高层H室	400.0
2010年2月	钻石山	悦庭轩 第1座 高层E室	399.0
2010年8月	沙田	晴碧花园 第1座 高层C室	398.0
2010年2月	青衣	宏福花园 第3座 低层D室	395.0
2010年5月	青衣	宏福花园 第4座 中层H室	393.0
2010年3月	沙田	晴碧花园 第2座 高层G室	392.0

数据来源：香港中原地产研究部。

呎价方面，2010年6月份二手夹屋首次出现逾五千港元的买卖登记。到2010年8月为止，在三个月之内，呎价超过五千港元的二手夹屋已经有12宗。而呎价最高的首五位均位于钻石山“悦庭轩”，该屋苑的第1座高层C室单位，面积577呎，呎价录5719港元。另外，“同屋苑”的第2座高层G室和第1座高层A室，面积为574呎和570呎，呎价分别录5488港元和5474港元。

香港买卖登记呎价较高的二手夹屋登记个案（2009～2010年） 表1-7

登记日期	区 份	地 址	金额（万港元）	面积（呎）	呎价（港元）
2010年7月	钻石山	悦庭轩 第1座 高层C室	330.0	577	5719
2010年7月	钻石山	悦庭轩 第2座 高层G室	315.0	574	5488
2010年8月	钻石山	悦庭轩 第1座 高层A室	312.0	570	5474
2010年7月	钻石山	悦庭轩 第2座 高层G室	307.0	574	5348
2010年6月	钻石山	悦庭轩 第1座 高层C室	300.0	577	5199

数据来源：香港中原地产研究部。

2010年首八个月葵涌浩景台以34宗二手买卖登记居首，总值8883.8万港元。其次是鸭脷洲“悦海华庭”，有32宗登记，总值9375.3万港元。何文田“欣图轩”、马鞍山“雅景台”和将军澳“旭辉台”各录28宗登记，分别总值7856.7万港元、7409.5万港元和7093.6万港元。

至于“摩货”方面，2010年首八个月以确认人身份转让的二手夹屋“摩货”买卖合约登记录得零宗，而2009年全年亦仅有1宗，反映二手夹屋交投以用家①为主。

香港二手夹屋屋苑的买卖登记宗数统计（2010年1月～2010年8月） 表1-8

区 份	屋苑名称	宗 数	金额（万港元）
葵涌	浩景台	34	8883.8
鸭脷洲	悦海华庭	32	9375.3
何文田	欣图轩	28	7856.7
马鞍山	雅景台	28	7409.5
将军澳	旭辉台	28	7093.6
钻石山	悦庭轩	21	6370.8
将军澳	迭翠轩	14	3301.9
沙田	晴碧花园	13	4174.2
青衣	宏福花园	12	3972.6
葵涌	芊红居	6	1591.3
总 计		216	60029.7

数据来源：香港中原地产研究部。

① 用家即自住客。

图1-3　香港二手夹屋买卖合约登记按年统计（1999～2010年）

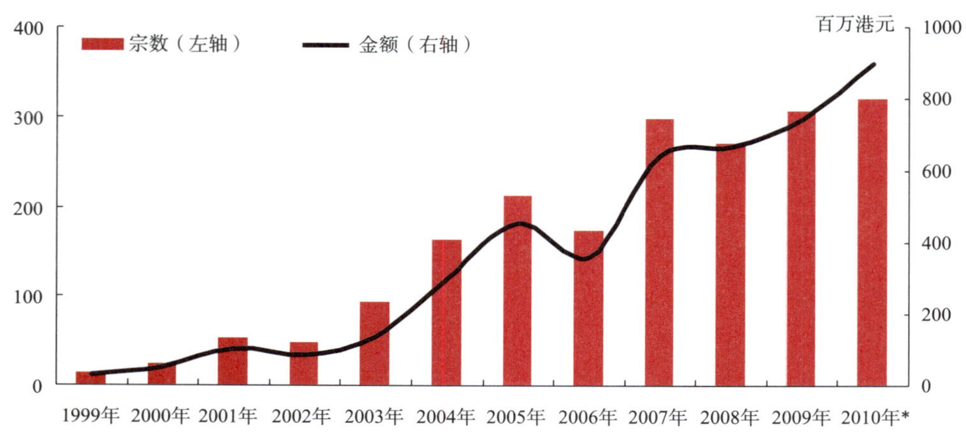

注：*为预测数字。
数据来源：香港中原地产研究部。

1.4 豪宅市场升势如虹

香港中原地产西半山及中半山　高级营业董事　李　巍
香港中原地产九龙豪宅　董事　李子明
香港中原地产大埔及新界东豪宅区　营业董事　黄泽文

2010年豪宅市道十分炽热，楼价飙升惊人。小市民抱怨豪宅炒卖刺激整体楼市，以致一般市民亦难以置业，最终香港政府不得不插手干预。政府于4月份落实增加2000万港元或以上之豪宅厘印费①，由3.75%升至4.25%；另外亦逐步收紧豪宅按揭成数，金管局于8月中旬宣布1200万港元或以上物业之按揭成数上限降至60%。纵使政府出招遏止豪宅炒风，但随着多次卖地成绩理想，包括山顶白加道私人地皮以每呎楼面地价6.82万港元成交、政府官地聂歌信山道地皮及九龙塘义德道地皮亦分别以3.2万港元及1.66万港元每呎楼面地价成交，豪宅价格仍然趋升。

根据香港中原地产研究部统计，价值1000万港元以上的豪宅登记数字由2010年1月之399宗按月递升，8月份更录得1321宗，升幅达2.3倍。豪宅市场升势如虹，涉资金额亦由1月份之90.61亿增加至8月之326.17亿港元。当中7、8月份的一手登记显着增加，所占比例逾5成，显示发展商积极推售豪宅，市场反应亦甚为热烈。

参考2010年首8月每月登记宗数较高的豪宅，以一手新盘占多，如港岛区之“南湾”、“缙城峰”，分别录得461宗及199宗。“南湾”涉资金额较高，总登记金额达117.85亿港元，即平均每伙售价达2550万港港元。九龙区方面，新盘“帝峰·皇殿”录得487宗成交名列最高，总成交金额为76.46亿港元。新界区则以大围港铁站上盖物业“名城”较为突出，录得176宗成交，涉资金额21.35亿港元。

2010年本港高层豪宅不断传出天价成交，已确实的交易包括：中半山“Branksome Crest”51楼复式户，面积4620平方呎，呎价达4.39万港元；西半山“懿峯”62楼A、B室两伙单位，面积合共4236平方呎，以约1.76亿港元沽出，呎价逾4.1万港元；以及九龙站“凯旋门”一宗连私人泳池天际屋成交，造价2.25亿港元，呎价约4.1万港元。

① 厘印费即印花税。

图1-4　香港豪宅买卖合约登记按月统计（2010年1月～2010年8月）

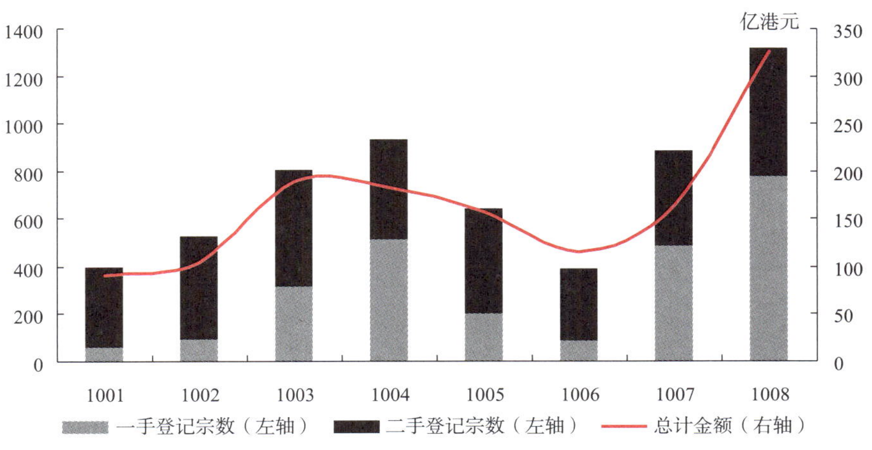

数据来源：香港中原地产研究部。

买卖登记宗数较高的豪宅统计（2010年1月～2010年8月）　　表1-9

屋苑名称	宗　数	金额（亿港元）
帝峰·皇殿	487	76.46
南湾	461	117.85
缙城峰	199	28.71
贝沙湾	194	47.12
名城	176	21.35
擎天半岛	131	19.24
美丽台	122	23.6
半山壹号2期富甲半山	120	29.17
半山壹号1期	113	27.53
御龙山	87	14.38
海桃湾	82	10.98
峻弦	80	12.87

注：（1）豪宅指价值一千万港元以上的一手及二手私人住宅；（2）资料以登记宗数由高至低排列。
数据来源：香港中原地产研究部。

香港私人住宅－各区洋房落成量（2001～2010年）　　表1-10

年　份	港　岛	九　龙	新　界	全　港	全港销售
2001	29	4	55	88	35
2002	42	15	577	634	126
2003	119	4	217	340	115
2004	101	8	115	224	314
2005	62	2	246	310	362
2006	21	30	406	457	82
2007	42	3	49	94	587
2008	16	1	515	532	287
2009	17	20	425	462	269
2010（预测）	56	12	83	151	400

注：洋房包括独立屋、半独立屋及排屋。
数据来源：香港中原地产研究部。

1.5 中小型住宅具备升值潜力

香港中原地产香港仔及海怡区　助理营业董事　刘文胜
香港中原地产西九龙区　营业董事　林伟文
香港中原地产青衣、葵涌及东涌区　高级营业董事　周永辉

自金融海啸后，本港经济数据稳步向好，同时国内大量热钱涌入，当中大部分流入本港住宅物业市场，令楼价升浪不绝。除了豪宅楼价急速上升外，其中为大部分市民提供安乐窝之中小型住宅楼价亦持续稳步上扬。反映本地楼价的中原城市领先指数（CCL）2010年9月初报84.54点，与2009年12月底的73.23点相比，楼价已经上升15.4%，故此吸引不少投资者入市金额较小之中小型物业作短线投资或长线收租，获取丰厚之租金回报。

港岛区方面，本年私人住宅交投畅旺，令租金及楼价持续上升。由于港岛区土地有限，故供不应求之环境下，区内中小型物业亦成为市场焦点，受尽市场热捧。其中一手楼盘方面，本年新推出之楼盘如“南湾”、“缙城峰”及“宝雅山”等等，甫开售便抢购一空，成为买家之抢手货，市场反应极为理想。随着港铁之覆盖率日渐全面，港岛区港铁沿线之物业实力更被看高一线。其中大型屋苑之“杏花村”，呎价在本年首八个月已上升18.2%，其他如“康怡花园”及“太古城”的呎价分别上升11.8%及11.4%，其升值潜力可见一斑。　港铁方面亦落实加建西港岛线，并将于2014年完工，车站分别位于西营盘、香港大学附近和坚尼地城，故预计该区之中小型住宅物业亦具相当之升值潜力。本年楼市气氛畅旺，而且预测低息持续及薪金上调，市民的购买力强劲，将刺激港岛区中小型物业市道价量齐升。

而九龙区亦是一个规划完善之小区，其交通网络汇聚及小区配套亦吸引不少家庭于区内安居乐业。随着港铁现时覆盖网络日趋完善，不少港铁站上盖项目亦广受买家欢迎，其中本年推出之奥运站上盖楼盘“帝峰・皇殿”之销情亦极为理想。另外，南昌站上盖已预计会被规划为发展中小型住宅，将为市场提供大量新供应。同时，西九龙区已被政府预留并规划兴建休闲文化生活区，将为区内提供一个舒适而绿化的生活环境，预计会令更多人对西九龙区产生兴趣，于区内安居乐业。另一方面，本年政府亦落实兴建广深港高速铁路，未来九龙区通往内地更为快捷方便，其总站更会设于西九龙，预计亦会带动区内住宅物业楼价进一步上扬，故九龙区中小型住宅物业之升值潜力实不容忽视。

一向以来，新界区为市场提供大量中小型住宅。新界楼之呎价较低，亦相对能吸引较多之上车客及换楼客于区内觅得安乐窝。随着一系列大型基建，如香港国际机场及港珠澳大桥及西部通道等位处于新界区，交通网络发展日渐完善，带动新界楼价上扬。与此同时，新界区于地理位置上较为靠近内地，亦吸引不少内地投资者或投资移民客于区内置业。预计未来之新楼落成量仍会集中于新界区，而各项基建渐趋成熟亦会吸引更多港人于新界区置业，而且成交亦会愈趋活跃。因为楼市前景乐观，市民的购买意欲强劲，加上新盘如“YOHO MIDTOWN”及“名城”等销售理想，刺激楼价升势不断，所以预期新界区中小型住宅楼价仍有一定之上升空间。

虽然新界区高层豪宅价格未能与港九媲美，但论洋房供应数量却一直称冠。因港九土地供应匮乏，故新界成为新建洋房或低密度豪宅之集中地。根据中原地产统计数字，2009年全港洋房落成量为462伙，当中425伙位于新界区，比例达9成；而预计2010年洋房落成量较低，全港约151伙，新界区亦占83伙。新界区可发展地皮面积较大，适合兴建洋房，加上毗邻内地，有利中港商人进驻，故独显优势。2010年则以大埔“比华利山别墅第三期富汇半岛”以及年尾首推位于古洞之“天峦”最为瞩目。

第2章　内地个人买家活跃于香港楼市

香港中原地产研究部联席董事　黄良昇

2.1 占一手楼市金额比例高达22.1%

已知2010年上半年登记一手及二手香港私人住宅买卖合约中的内地个人买家，所占整体金额比例有10.8%，所占整体宗数比例有6.7%。所占金额及宗数比例是连续三个半年度上升，反映内地资金持续流入本地楼市，扭转2008年下跌的局面。另外，由2008年下半年起至今，金额比例升4.6个百分点，宗数比例升2个百分点，显示流入的内地资金愈加集中于豪宅市场。

2010年上半年一手私人住宅买卖合约中，已知内地个人买家的买卖金额占整体的22.1%，宗数占整体的15.7%。反映内地资金主要集中于一手市场，并且较集中于一手豪宅。由2008年下半年至今，金额比例大幅上升11.8个百分点，宗数比例大升8.7个百分点，显示内地资金流入本地一手市场的速度正在加快。

2010年上半年二手私人住宅买卖合约中，已知内地个人买家的金额比例占8.5%，宗数比例占5.8%。金额比例均低于一成，而宗数比例更低至半成，即反映内地资金不是推高二手楼市的主力。并且，较2008年下半年，金额比例升2.9个百分点，宗数比例升1.3个百分点，资金流入的速度明显温和，反映二手楼市不是内地资金的主要目标。

图2-1　内地个人买家占香港一手/二手私人住宅比重统计（2007～2010年上半年）

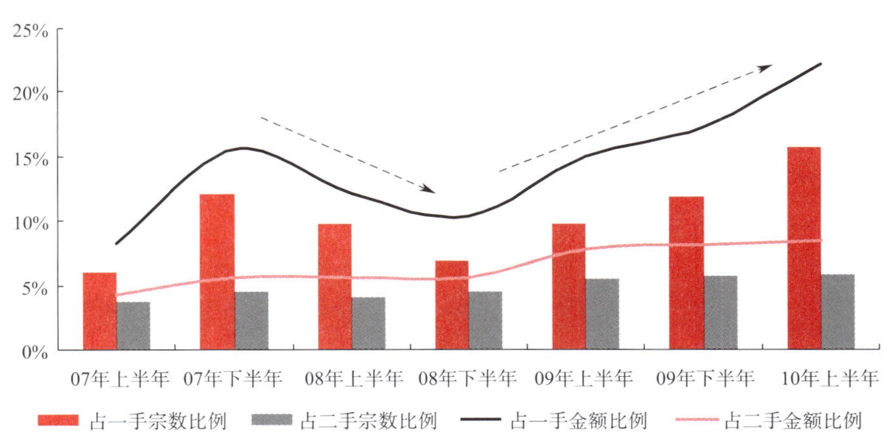

注：1）私人住宅不包括公屋、居屋及夹屋；
2）对已知买家资料的买卖登记进行统计；
3）内地买家只限于个人，不包括公司；
4）内地买家是以汉语拼音名字为准。
数据来源：香港中原地产研究部。

图2-2 内地个人买家占香港私人住宅整体比重统计（2007～2010年上半年）

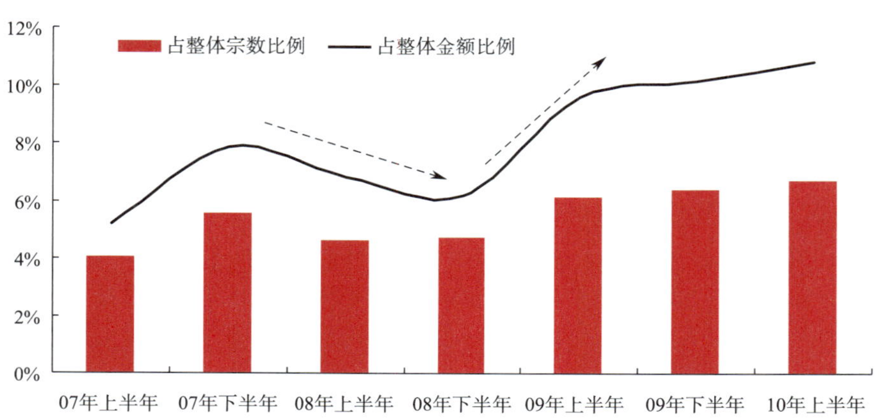

注：1）整体一手与二手私人住宅不包括公屋、居屋及夹屋；
2）对已知买家资料的买卖登记进行统计；
3）内地买家只限于个人，不包括公司；
4）内地买家是以汉语拼音名字为准。
数据来源：香港中原地产研究部。

2.2 占一手豪宅金额及宗数比例高达三成半

2010年上半年登记一手豪宅（价值1200万港元以上）的内地个人买家，所占整体金额比例35.7%，所占整体宗数比例35.1%。金额及宗数所占比例均高达三成半的水平，反映内地资金活跃于一手豪宅市场。再者，所占金额比例较2009年下半年上升9.6个百分点，而所占宗数比例亦上升12.6个百分点，显示流入本地一手豪宅市场的内地资金正迅速增加。

2010年上半年二手私人豪宅登记买卖合约中，已知内地个人买家占金额比例19.0%，占宗数比例16.7%。金额及宗数所占比例在18%上下的水平横行，连续一年半，表明内地资金占二手豪宅市场比例相对稳定，又明显低于一手豪宅市场三成半的比例。

上半年登记整体一手及二手私人豪宅买卖合约中的内地个人买家比例，所占金额比例24.1%，所占宗数比例22.6%。相对于同期登记整体一手及二手私人住宅（包括豪宅），内地个人买家占金额比例只有10.8%，占宗数比例更低至6.7%，显示内地资金高度集中于豪宅市场，而中小型住宅市场并非内地资金的主要目标。

2010年上半年，已知内地个人二手买家较多的豪宅有："贝沙湾"5.82亿港元，23宗；"君临天下"3.45亿港元，14宗；"凯旋门"2.98亿港元，17宗；"擎天半岛"2.28亿港元，18宗；"宝翠园"1.39亿港元，12宗。

内地个人买家的比例计算基数，是从整体买卖中剔除公司买家及买家不详的部分后才计算的。所以内地个人买家的实际成交宗数及金额，受到已知资料多寡的干扰，升跌未必反映真实情况。相反，内地个人买家所占的宗数及金额比例，可以去除已知数据多寡的干扰，能够反映真实的趋势。

香港主要二手豪宅内地个人买家统计（2010年上半年）　表2-1

楼　盘	金额（亿港元）	宗　数
贝沙湾	5.82	23
君临天下	3.45	14
凯旋门	2.98	17
擎天半岛	2.28	18
宝翠园	1.39	12

数据来源：香港中原地产研究部。

香港一手及二手豪宅买家按半年统计（2007～2010年上半年）　表2-2

年/半年	一手		二手		总数	
	宗数	金额（百万港元）	宗数	金额（百万港元）	宗数	金额（百万港元）
2007年上半年	1168	28711.5	1083	30131.1	2251	58842.6
207年下半年	1127	34043.3	2042	51017.4	3169	85060.7
2008年上半年	909	24012.8	1776	45735.6	2685	69748.4
2008年下半年	277	11549.0	528	14217.1	805	25766.1
2009年上半年	749	17520.0	1063	25788.5	1812	43308.4
2009年下半年	1684	41917.3	1664	40386.4	3348	82303.7
2010年上半年	1012	22766.3	1938	52685.7	2950	75452.0

数据来源：香港中原地产研究部。

图2-3　内地个人买家占香港一手/二手豪宅比重统计（2007～2010年上半年）

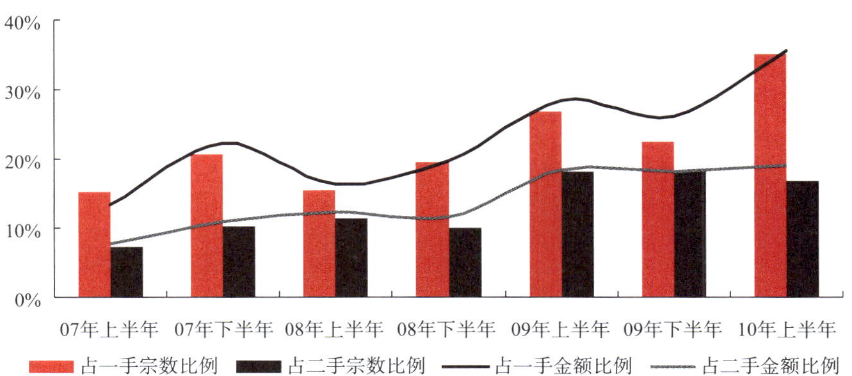

注：1）豪宅指价值1200万港元以上的私人住宅；
2）整体一手与二手私人住宅不包括公屋、居屋及夹屋；
3）对已知买家资料的买卖登记进行统计；
4）内地买家只限于个人，不包括公司；
5）内地买家是以汉语拼音名字为准。

数据来源：香港中原地产研究部。

图2-4　内地个人买家占香港豪宅整体比重统计（2007～2010年上半年）

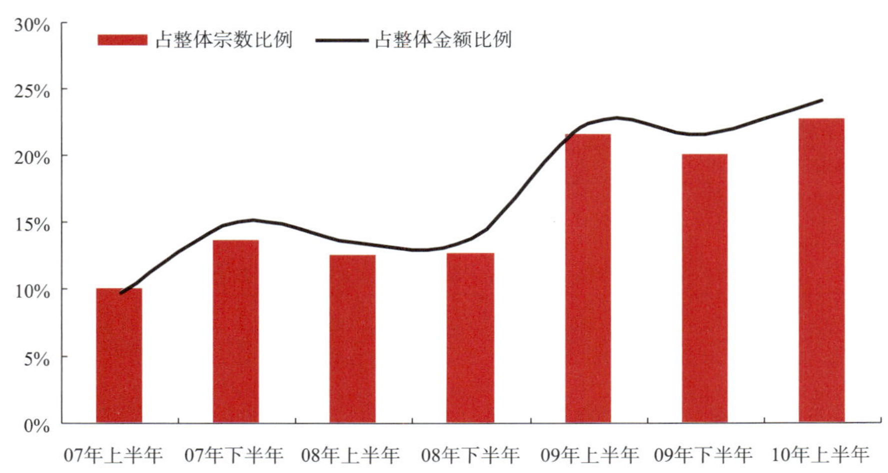

注：1）豪宅指价值1200万港元以上的私人住宅；

2）整体一手与二手私人住宅不包括公屋、居屋及夹屋；

3）对已知买家资料的买卖登记进行统计；

4）内地买家只限于个人，不包括公司；

5）内地买家是以汉语拼音名字为准。

数据来源：香港中原地产研究部。

2.3 占一手中小型住宅金额及宗数比例各一成半

2010年上半年登记一手中小型住宅（价值1200万港元以下）的内地个人买家，所占整体金额比例15.5%，所占整体宗数比例13.2%，两者均创出有纪录以来的新高。金额及宗数所占的比例均约有一成半的水平，反映内地资金在一手中小型住宅市场颇为活跃，但活跃程度明显低于其在一手豪宅市场占三成半的较高水平。再者，内地资金占一手中小型住宅金额及宗数的比例，连续三个半年度上升，扭转早前连续下跌的情况。

2010年上半年二手中小型住宅登记买卖中，已知内地个人买家占金额比例6.6%，占宗数比例5.5%。金额及宗数所占比例约在半成的水平横行，连续一年半。内地资金占二手中小型住宅市场的比例颇低，不是推高二手中小型住宅楼价的主力。

上半年登记整体一手及二手私人中小型住宅买卖的内地个人买家比例，所占金额比例7.8%，所占宗数比例6.2%，大幅低于同期其在一手及二手豪宅市场的所占比例，即金额高达24.1%，宗数高达22.6%。

上半年内地资金集中于一手豪宅，金额与宗数各占三成半；其次是二手豪宅，金额占二成，宗数占一成半；再次是一手中小型私人住宅，金额与宗数各占一成半；最少是二手中小型私人住宅，金额与宗数均只有半成。

2010年上半年，已知内地个人二手买家较多的屋村："海逸豪园"2.74亿港元，35宗；"太古城"2.36亿港元，39宗；"海怡半岛"0.85亿港元，15宗；"美孚新村"0.80亿港元，19宗；"嘉湖山庄"0.69亿港元，36宗。

图2-5　内地个人买家占香港一手/二手私人住宅（1200万港元以下）比重统计（2007～2010年上半年）

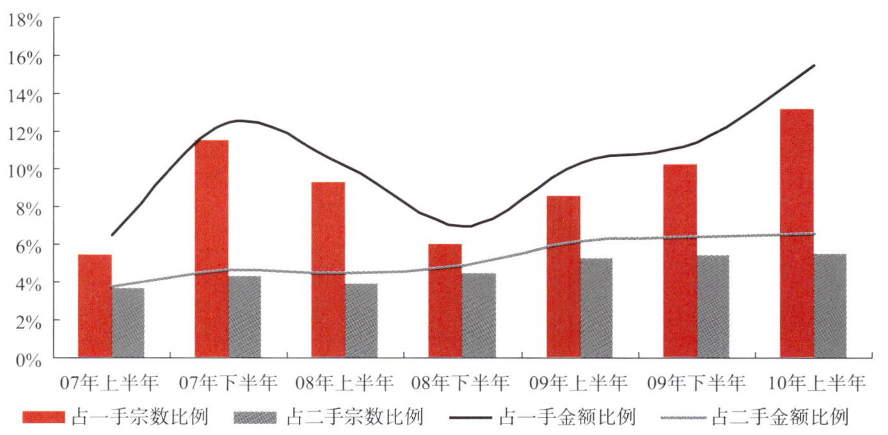

注：1）整体一手与二手私人住宅不包括公屋、居屋及夹屋；
2）对已知买家资料的买卖登记进行统计；
3）内地买家只限于个人，不包括公司；
4）内地买家是以汉语拼音名字为准。
数据来源：香港中原地产研究部。

香港主要屋苑内地个人二手买家统计（2010年上半年）　表2-3

项目名称	金额（亿港元）	宗　数
海逸豪园	2.74	35
太古城	2.36	39
海怡半岛	0.85	15
美孚新村	0.80	19
嘉湖山庄	0.69	36

数据来源：香港中原地产研究部。

香港私人住宅（1200万港元以下）整体买家按半年统计（2007～2010年上半年）　表2-4

年/半年	一　手		二　手		整　体	
	宗数	金额（百万港元）	宗数	金额（百万港元）	宗数	金额（百万港元）
2007年上半年	7097	25847.1	37378	85115.6	44475	110962.7
2007年下半年	9551	34889.6	50805	129715.5	60356	164605.2
2008年上半年	6429	30305.5	48668	128766.5	55097	159072.0
2008年下半年	2340	11096.8	23960	58200.7	26300	69297.5
2009年上半年	7560	31346.9	37823	93570.8	45383	124917.7
2009年下半年	5920	28427.4	47814	126694.0	53734	155121.4
2010年上半年	5618	31083.0	50532	142107.0	56150	173190.1

数据来源：香港中原地产研究部。

图2-6　内地个人买家占香港私人住宅（1200万港元以下）整体比重统计（2007～2010年上半年）

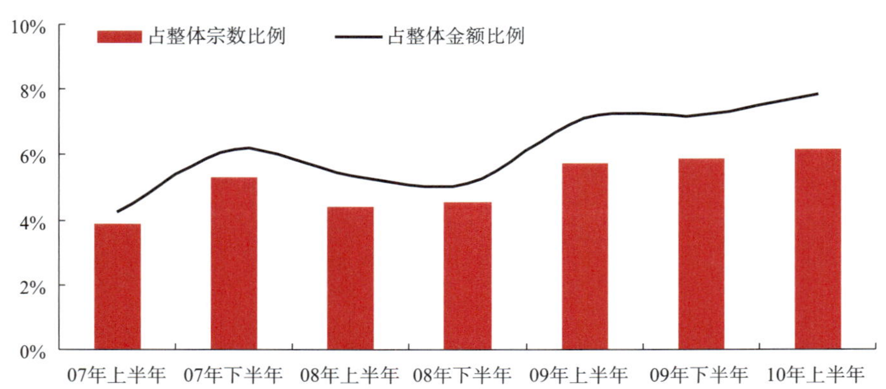

注：1）整体一手与二手私人住宅不包括公屋、居屋及夹屋；

2）对已知买家资料的买卖登记进行统计；

3）内地买家只限于个人，不包括公司；

4）内地买家是以汉语拼音名字为准。

数据来源：香港中原地产研究部。

最后，近年投资移民潮成为内地客来港购置豪宅之一大诱因，申办香港投资移民需要投资不少于港币650万港元之投资资产类别如房地产、股票、债券等。惟2010年本港股票市场走势较弱，相反楼市则极为畅旺，上半年楼价持续向升，促使投资移民客积极入市本港豪宅物业。

另外值得关注的是，本港一些具稀缺性、独特性的“超级豪宅”，如面积逾5000平方呎的特色户、配置特大花园或私人泳池的独立屋、或逾一万平方呎可用楼面面积之屋地，亦是内地客钟情之选。内地买家购入“超级豪宅”之心态，以收藏角度多于投资或炒卖。因拥有该类物业可视为一种身份象征，偶尔作宴客或度假之用，实行把“超级豪宅”当作珍品收藏。

第3章　写字楼市场迎来反弹

香港中原（工商铺）写字楼董事　郑继标

2010年金融海啸对本港经济的影响逐步被淡化，加上环球经济出现复苏萌芽，带动商厦市场气氛回归，多幢指标性甲级写字楼呎价亦跟随反弹。大市走势趋稳，有利中、长线投资者搜罗高息回报及具潜力之优质商厦物业，亦吸引用家积极物色合适商厦单位，刺激写字楼交投回升。

根据香港中原地产研究部数据显示（图3-1），2010年上半年写字楼买卖合约登记录得1465宗，较2009年下半年轻微下降3.6%。宗数连续两个半年度分别录得约1500宗的高水平。至于成交总额方面，2010年上半年写字楼买卖合约登记总值204.6亿港元，较2009年下半年升12.5%，为1997年上半年录得329.2亿港元后13年的次高，仅低于2006年上半年的319.1亿港元。金额已经连续三个半年度录得上升，由2008年下半年低潮的72.8亿港元，一直上升至2010年上半年的204.5亿港元，累计升幅达1.81倍，写字楼市道呈现向好走势。

图3-1　香港写字楼买卖合约按半年统计（1997～2009年上半年）

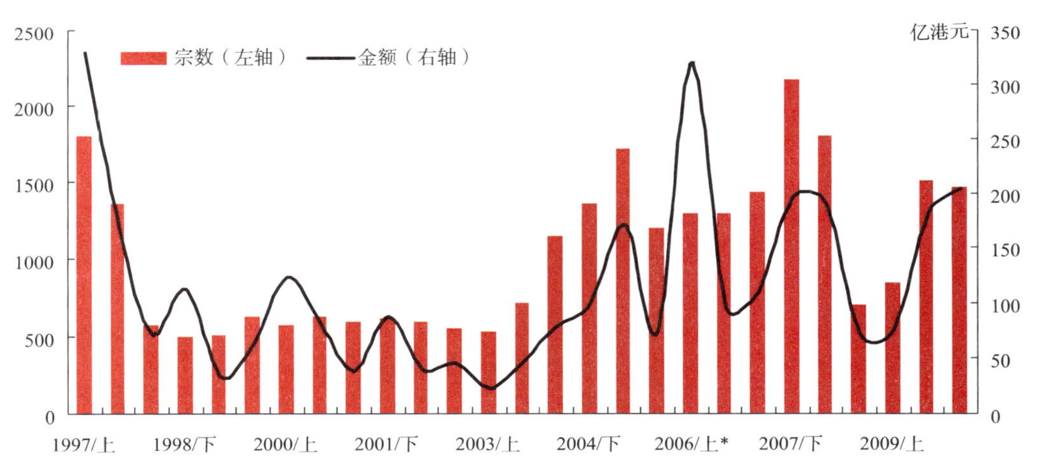

注：*表示2006年上半年登记中包括一宗花旗银行大厦的写字楼买卖，价值226.7亿港元；这些交易是鹰君将物业注入冠军，筹组基金上市。
数据来源：香港中原地产研究部。

3.1 甲级写字楼呎价向上高走　惟与历史高位尚有差距

受住宅市场回暖效应带动，2010年初写字楼物业买卖气氛浓厚，激励一批中、长线投资者及用家积极入市，多幢核心区指标性商厦呎价相继创出新高。中环及金钟区甲级写字楼向来属商厦市场的指标，尽管市场气氛炽热，但甲级商厦业主持货力强，业主多不愿放售，亦少有割价情况，以致市场放盘量不多，指标商厦成交量亦未算频密（参见表3-1）；惟于业主叫价高开及反价之下，不少买家需经历一番追价战始能购得心头好，促使甲级商厦呎价不断向升。

香港港岛区指标商厦买卖登记比较（2009～2010年8月）　表3-1

地区	大厦	2009年首8个月	2010年首8个月	变幅
		宗数	宗数	
金钟	海富中心	2	14	+600%
金钟	美国银行中心	4	7	+75%
金钟	力宝中心	24	21	-12.5%
金钟	统一中心	2	4	+100%
金钟	远东金融中心	1	1	0%
中环	皇后大道中九号	4	2	-50%
上环	信德中心	28	27	-3.5%
湾仔	会议展览中心	10	6	-40%
湾仔	北海中心	10	8	-20%
湾仔	英皇集团中心	1	3	+200%

数据来源：香港中原地产研究部。

截至2010年首八个月为止，港岛区多幢指标商厦呎价相继创金融海啸后新高，甚至打破1997年的高位。如金钟“远东金融中心”43楼3室于金融海啸前已创出新高呎价成交，于2010年呎价再度攀高峰，一周内两度创出新高，最高呎价达2.28万港元，引起市场轰动。同区“力宝中心”2座中层05室，面积约1820平方呎，亦以金融海啸后新高呎价1.57万港元易手；“美国银行中心”2010年新高呎价为1.96万港元，成功超越1997年水平。

港岛核心区指标性商厦承接力强劲，呎价势如破竹，平均较金融海啸低位回升约40%；非核心区商厦呎价则较低位回升约25%，但与2007及2008年楼市高峰期相比，尚有近20%差距。至于九龙区，由于核心区尖沙咀一向以用家为主导，需求稳定，加上东九龙有不少优质写字楼新供应，略为分散了市场焦点，令尖沙咀甲级商厦呎价升幅较为温和。整体而言，甲级商厦的升势持续，但呎价破高位的比例少。相比豪宅，甲级商厦呎价仍然落后。

图3-2　香港写字楼买卖合约按月统计（2008年1月～2009年8月）

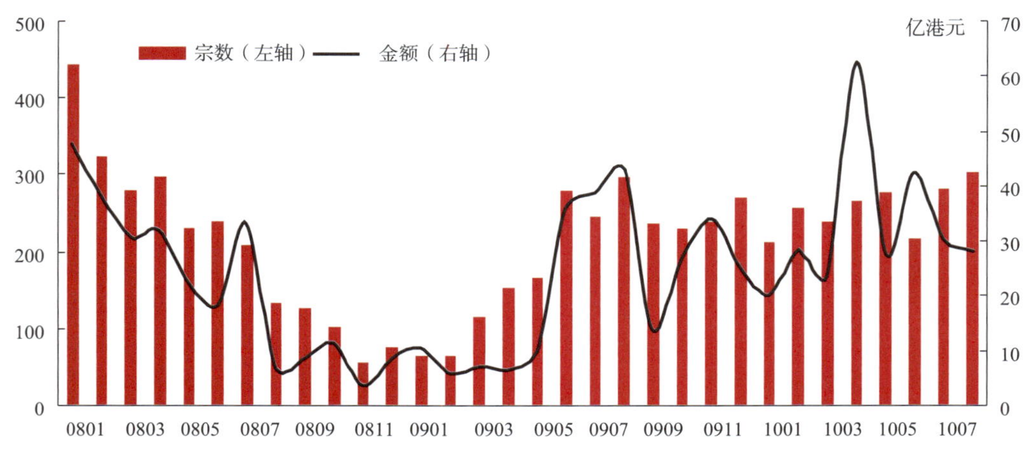

数据来源：香港中原地产研究部。

政府于2010年中推出楼市措施，间接影响写字楼物业的投资气氛。随着7月楼市回勇，热钱持续涌港，商厦市场同步造好。因核心区甲级商厦盘源匮乏，促使资金转流边缘区的全幢商厦及质数较高的全层次级写字楼市场。实力投资者入市态度积极，全幢及全层商厦成交突出。

2010年商厦市场由大额成交主导，推高买卖总值表现。根据香港中原地产研究部数据显示（参见图3-2），2010年首八个月写字楼买卖合约登记总值263.16亿港元，较2009年全年录得的257.76亿港元高出2.1%，反映2010年写字楼市况远较过去一年畅旺。宗数成交方面，2010年首八个月写字买卖合约登记录得2049宗，已经达到2009年全年2362宗的86.7%，相信2010年全年的登记宗数可超越前一年的成绩。

3.2 用家及中长线投资者主导　甲级呎价潜力尚待爆发

对比2010年升市中的豪宅市场呎价频创新高，甲级写字楼价格弹升力度仍未完全被释放。事实上，相对往年的写字楼市场升浪，2010年的甲级商厦市场甚少资深甲级商厦投资者出手，市场一般由用家及中、长线投资者主导。整体买卖气氛虽见畅旺，但因炒卖气氛不算浓厚，以致呎价未能被大举推高，只有个别指标商厦造出呎价新高。

不过，随着环球经济持续造好，写字楼吸纳量受到支持，租金已见回升。于低息环境之下，写字楼回报比起商铺类别物业仍算吸引。预期至2010年底，指标性商厦租金有10%升幅。加上外来资金涌入，全幢及全层大宗写字楼成交陆续出现，加重商厦市场的投资气氛。虽然现阶段写字楼价格仍属低水，相信后市依然乐观。入市气氛先由全幢写字楼推动全层成交，再进一步延伸至分层写字楼，带动整体写楼市场气氛全面升温。预料2010年下半年，写字楼呎价至少可录得7%～8%的升幅。

第4章 商铺市场大额租务突出

中原（工商铺）商铺部董事 黄伟基

香港经济稳步向前，自由行旅客人次持续强劲，推动本港零售消费气氛表现欣欣向荣。根据政府数据显示，2010年首七个月香港零售销货总额较2009年同期增加18%，反映零售市道走势偏好，而零售商扩充或来港设立据点的步伐加快，直接推动核心区商铺租务表现。属于单一类别投资项目的商铺物业，供应量及投资机会少，加上租务前景被市场一致看好，因此深得投资者垂青，当中位于消费购物核心区之商铺放售盘最难求，成交金额愈升愈高，令逾亿港元成交接踵出现。预计自由行消费将推动2010年整体商铺市场表现，大额成交更会持续出现。

4.1 大品牌抢租核心区旺铺 大额租务突出

承接上一年旺势，2010年零售市场一片歌舞升平。铜锣湾、尖沙咀、旺角、中环属旅游购物必到地区，日夜人头涌涌，从钟表、珠宝首饰、名牌服装、皮具等高档次商品，以至影音电器、药物、奶粉等家庭用品均成为旅客购物目标。本港消费前景因而被一致看好，吸引大品牌积极扩充或进驻香港市场。

由于核心区大楼面铺供应短缺，国际知名品牌及大型连锁店对核心区一线街道的商铺虎视眈眈。为进驻核心零售区开设旗舰店，他们更不惜以高租金争夺旺铺，推动2010年商铺市场租金升幅显着，市场屡录逾百万港元大额租务成交。当中较瞩目的大额租务包括（参见表4-1）：美国时装品牌“Forever 21”以月租近1100万港元，预租铜锣湾“京华中心”6层楼面，涉及面积约61100平方呎；同样来自美国的时装品牌“GAP”，亦以近500万港元，预租中环“陆海通大厦”的前皇后戏院旧址约1.3万平方呎楼面；本地大型影音电器连锁店以月租210万港元，租用旺角“荷里活商场”地下连地库约8310平方呎楼面等。

香港百万港元商铺租务成交案例（2010年1月～2010年8月） 表4-1

地　区	物业地址	面积（大约平方呎）	每月租金（港元）	每呎租金（港元）	租户行业
尖沙咀	弥敦道74至78号地下A号铺	1450	240万	1655	珠宝
旺角	西洋菜南街48至50号地下连1楼	4500	100万	222	化妆品
中环	皇后大道中8号成报中心地下	6443	180万	279	—
中环	皇后大道中31号陆海通大厦地库、地下、1楼及2楼	13000	500万	385	时装
尖沙咀	加连威老道20至22A号地下A及B铺	—	100万	—	—
铜锣湾	渣甸街5至19号地库、地下至4楼	61000	1100万	180	时装
铜锣湾	东角道24至26号地下13、14、15及16号铺连1楼	6233	150万	241	—
铜锣湾	恩平道44至48号恩平中心地下3至10号铺连1、2楼	10543	200万	190	银行
旺角	弥敦道610号荷里活商场地下G01至G05号铺连地库B及C号	8310	210万	253	影音
金钟	红绵道8号地下连1楼	19410	150万	77	瑜伽
尖沙咀	汉口道4至6号地下部分连地库	11000	130万	118	—
尖沙咀	海防道53至55号地下2及3号铺	14000	240万	171	珠宝

数据来源：香港中原地产研究部。

2010年核心区商铺依然属于整体铺市的火车头，租金升幅显着，增幅达20%～30%，而民生区域的商铺租金表现大致保持平稳。至于二、三线地区，由于欠缺重大环境转变潜力或自由行消费力的支持，铺租将按地区个别发展，亦有机会向下调整。

4.2 2010年上半年延续旺势　投资气氛炽热

2010年上半年商铺买卖合约登记总值为239.0亿港元（参见图4-1），较2009年下半年的290.8亿港元高位少17.8%，但属1997年下半年录得347.2亿港元后12年半的次高。宗数方面，上半年商铺市场有2439宗买卖合约登记，较2009年下半年的2421宗，轻微上升0.7%，属连续两个半年度录得的高水平。

图4-1　香港商铺买卖合约按月统计（2009年1月～2010年8月）

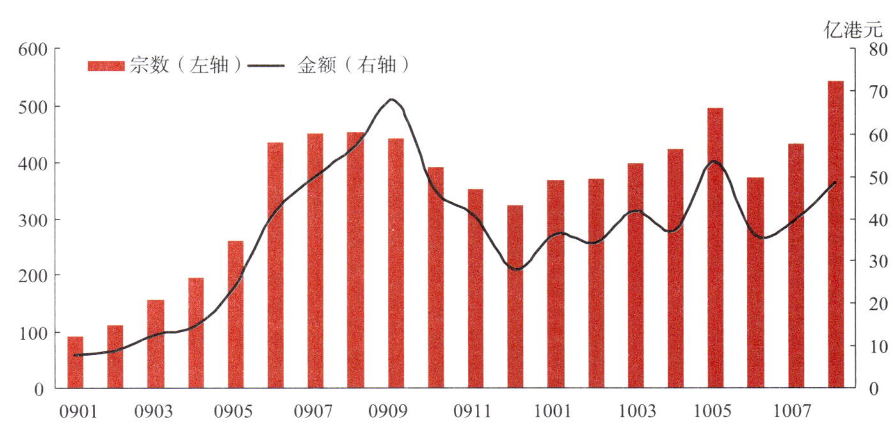

数据来源：香港中原地产研究部。

登记金额回落，主要是由于市场放盘短缺，不少优质商铺早已被市场吸纳，形成供不应求的情况出现，但大额成交表现依然突出。根据中原地产（工商铺）的数据显示，2010年首八个月，逾亿港元的大额买卖成交共有56宗，较2009年同期的23宗，增加1.4倍。其中涉及最大金额的成交买卖为铜锣湾罗素街[①]22至24号全幢，总面积约15620平方呎，成交价11亿港元，买家为英皇国际。

2010年投资市场气氛炽热，令备受实力投资者追捧的商铺市场旺上加旺。零售市道畅旺，令商铺租值提升同时拉高售价，现时核心区商铺回报一般约两厘水平，个别商铺回报甚至跌穿两厘，租金回报较其他类型物业逊色。但因商铺物业本身供应数量有限，投资机会少，故蚀钱风险亦相对较小；加上商铺租金及增值潜力极具爆炸力，投资金额大之余，亦有机会得到庞大的回报，因此商铺类物业一直深得实力投资者青睐。2010年度活跃于铺市的资深投资者对于吸纳核心区商铺的入市态度相当进取。

2010年初迄至8月份为止，一共录得3416宗商铺买卖登记，涉及金额327.49亿港元。展望2010年全年，商铺市场将维持勇猛成续，全年成交量可达5200宗的水平，较2009年增加约41.6%。成交总额方面，受大额成交增加带动，相信2010年全年金额将超越2009年表现，达逾600亿港元的水平，增长幅度约50%。

从反映炒风的“摩货”成交数字显示（参见图4-2），2010年首八个月一共录得168宗商铺“摩货”

① 根据一份最新的市场调查报告显示，罗素街之租金乃全球第3高，仅次于巴黎香榭丽舍大道及纽约第五街。

登记，涉资约17.4亿港元，相比2009年同期分别上升2.2倍及近2.0倍。登记宗数及金额已超越2009年全年的水平，反映商铺投资气氛炽热情况有增无减。而“摩货”成交平均利润达15%～20%，因而商铺前景被看高一线。

图4-2　香港铺位“摩货”买卖合约登记统计（2009年1月～2010年8月）

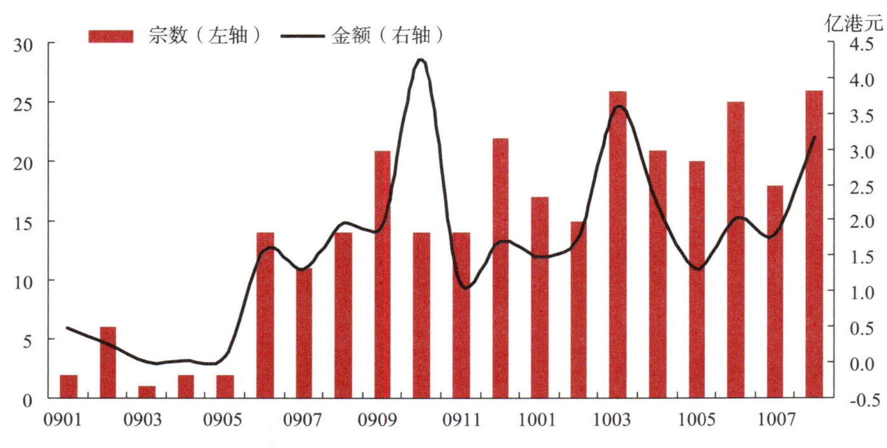

数据来源：香港中原地产研究部。

第5章 活化政策出台 工厦市场投资旺盛

香港中原（工商铺）工商部董事 郭楚华

5.1 2010年工厦市场承2009年旺势继续造好

2009年次季开始，香港本土经济成功从金融海啸中复苏过来，前景逐步明朗化；惟欧、美等国的复苏进程仍然受到不稳因素威胁，前景欠缺方向，而美港元持续弱势，促使大批资金流入本港。基于本港存款、按揭息率持续低企，促使各方资金流入物业市场，工厦市场表现因而急速反弹。2009年下半年工厦市场发力成功，旺势一直持续。2010年于活化工厦措施助就下，用家、基金、资深投资者等等积极地入市，为市场信心打下“强心针”，工厦买卖及租务成交价量出色。预计利好因素将继续引领2010年工厦市场全面造好，价、量表现全面看俏。

5.1.1 活化措施施行促第2季市场火速升温

2010年首季工厦市场买卖气氛平平稳稳，成交表现未见突出（参见图5-1）。随着活化工厦政策于4月份正式出台，刺激工厦市场买卖气氛火速升温。市场信心陆续回归，不论分层或整幢的工厦买卖均相当活跃，成交价值和宗数一直高走。

图5-1 香港工厦买卖合约登记按月走势图（2009年7月～2010年7月）

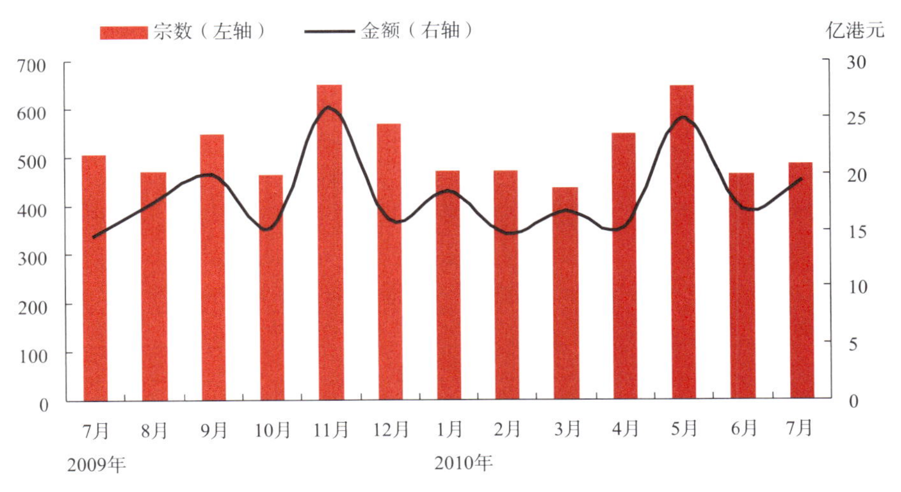

数据来源：香港中原地产研究部。

根据香港中原地产研究部数据显示，2010年首季按月录得四百余宗工厦买卖成交。自4月份开始，工厦市场强势反弹，交投价、量表现持续高企。截至2010年上半年为止，工厦市场共录得3041宗买卖成交。比对2009年下半年录得的3215宗，成交量下跌5.4%；总值106.8亿港元，比2009年下半年微降1.89%。至于呎价方面，2010年整体工厦平均呎价1490港元，相对2009年的1380港元，增长幅度8.0%。

综观上半年工厦市场走势，首季成交表现稍逊，主要是由于政府于2009年10月发布施政报告，当中倡议实施活化工厦政策，鼓励业主透过改装或重建，为旧工厦转型增值。拟案分为重建及改装两方面：

重建措施包括：(1)位于非工业区而楼龄达30年或以上的工厦，申请强制拍卖门槛由集齐九成业权至八成业权；(2)容许“按实补价”，即业主可向地政署申请，根据物业重建后的实际楼面缴付地价，毋须以土地最高发展密度计算补价；(3)若透过修订土地契约作重建的土地补价超过2000万港元，业主可选择将总金额的8成，定息分五年分期缴付。

改装措施方面，若业主选择不重建而改装整座工厦，只要工厦符合楼龄15年或以上，并坐落于工业、商业、或商贸地带，业主可在毋须缴付土地补价的情况下，申请于现有工厦的整段使用期内，或直至现行契约期届满前，改变整座工厦用途。申请须由整座大厦全部业主提出，改装后的楼宇高厦、体积或总楼面面积不可增加。另外，在豁免期内，这些改装工厦不可回复作工业用途，将来重新发展时，须缴付十足的土地补价。

以上重建及改装措施，仅于2010年4月1日起3年内有效，获批准重建项目须于5年内完成，整幢改装项目须于3年内完成。上述倡议于2009年底一公布，瞬即为工厦市场气氛掀起高潮。工厦业主普遍看好工厦物业前景，实时提价或反价，心雄业主叫价甚至乎脱离现实，叫价高开进取，买卖双方意向价格差距愈扩愈大。面对工厦呎价急速攀升，不少准买家对入市决定转趋观望，以致2010年首两个月的工厦交投步伐略为放缓，调整期维持约四至五个月。及至4月份，经过多个月静观市场动作，以及活化工厦政策正式出台，改装工厦申请个案陆续出现，市场信心渐渐回归。不少犹豫不决的买家确切明白到政策容许业主以较低成本为工厦增值，长远而言，对收益绝对有利而无害，于是趁势入市，令工厦市场气氛迅速回复畅旺。

5.1.2 上半年全幢工厦成交总值创新高

2010年第2季起，工厦市场全面启动，整幢的工厦买卖加快涌现。香港中原地产研究部数据显示(表5-1)，2010年上半年共有13宗全幢工厦买卖成交，比2009年下半年减少13%；总值录37.25亿港元，创2007年上半年录得38.41亿港元后三年以来按半年度的新高，亦较2009年下半年录得的29.45亿港元增加26.5%。工厦投资气氛热烈，长线投资者看好全幢工厦的潜力。部分成交的全幢工厦将重建或改装，务求令物业增值。单单是6月份，已经录得6宗共20.26亿港元的全幢工厦成交，占整个上半年成交的54.4%。上半年最大额的全幢工厦成交属位于新蒲岗的“裕美工业中心”，成交价6.01亿港元，以现有面积计，呎价1973港元，新买家为发展商亿京发展及有关人士等。次高金额的成交属土瓜湾“好收成空运中心”及木厂街7号，价值6.00亿港元。

香港主要全幢工厦买卖成交按半年度统计(2004～2010年上半年) 表5-1

年/半年度	宗　数	金额(亿港元)
2004/上半年	11	15.24
2004/下半年	13	22.04
2005/上半年	16	19.00
2005/下半年	14	31.55
2006/上半年	14	23.62
2006/下半年	21	21.95
2007/上半年	21	38.41
2007/下半年	20	36.29
2008/上半年	18	37.10
2008/下半年	2	3.10
2009/上半年	8	12.90
2009/下半年	15	29.45
2010/上半年	13	37.25

数据来源：香港中原地产研究部。

5.1.3 东九龙工厦成投资焦点

2010年工厦交投炽热。根据香港中原地产研究部数据显示（表5-2），2010年上半年工厦“摩货”买卖合约登记录得6.78亿港元，较2009年下半年录得的5.09亿港元上升33.1%，创2008年上半年录得6.90亿港元后两年以来的新高。宗数方面，2010年上半年厦“摩货”买卖合约登记录得206宗，较2009年下半年录得的196宗增加5.1%。宗数及金额均为两年新高，反映2010年上半年的工厦投资活动颇为活跃，是2008年金融海啸后最旺。

图5-2 香港工业楼宇“摩货”买卖登记按月统计（2008年1月～2010年7月）

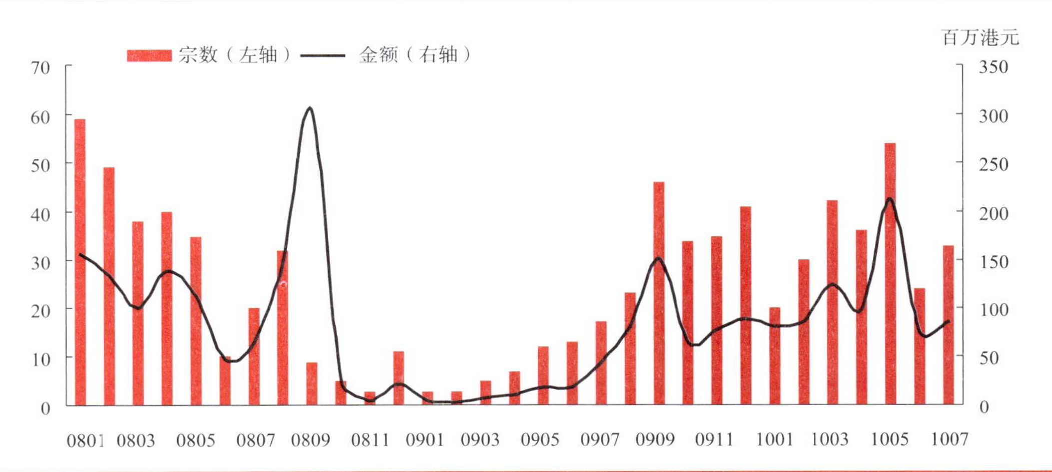

数据来源：香港中原地产研究部。

香港工厦“摩货”买卖登记统计（2009～2010年上半年）　　表5-2

区　域	2010年上半年		2009年下半年		2009年上半年	
	宗　数	金额（亿港元）	宗　数	金额（亿港元）	宗　数	金额（亿港元）
港岛	5	0.36	20	0.57	3	0.06
九龙	114	4.33	86	0.85	24	0.42
新界	87	2.09	90	1.67	16	0.18
总数	206	6.78	196	5.09	43	0.66

数据来源：香港中原地产研究部。

根据对价值两千万港元以上的工厦大额“摩货”成交统计，2010年上半年仅录得1宗此类成交，属观塘伟业街146号“美嘉工业大厦”地下一单位，成交价3100万港元。按区域分析，2010年上半年九龙区录得114宗“摩货”成交，涉资4.33亿港元，宗数及总值均跑赢港岛及新界，反映九龙区的炒风相对较浓，并以东九龙的工厦炒风最为活跃。

5.1.4 下半年工厦市场有望继续兴旺

楼市基调稳健，加上工厦市场备受连串利好因素支持，下半年工厦物业交投表现信心不减。2010年次季开始，工厦市场相当畅旺，预计下半年工厦市场百花齐放，成交价、量走势继续向上，买卖宗数较上半年升10%，总值则升15%。租务方面，下半年租务需求增长平稳，成交宗数及总值较上半年升5%及10%。

全幢成交方面，活化工厦政策正式出台后，全幢单一业权工厦成为市场焦点所在。于租卖潜力提高的推动下，全幢工厦的投资价值不断上升，业主看好后市而对叫价大胆进取，故令成交价亦见硬朗。预料下半年全幢工厦成交数目达20宗的水平，涉资总额45亿港元，较上半年升55%及21%，至于可重建工厦的楼面呎价将较上半年升20%～30%。

5.2 多项利好因素支撑工厦市场

自2009年开始，本港经济持续转好，企业扩充或新开立公司的需求增加。根据公司注册署数据显示，2009年全年录得本地注册成立的公司数目为109424间。截至2010年上半年，本地注册公司数目已增加67669间。新注册数目按年度一直保持平稳升幅，意味着用家市场对商业楼面的需求增加，当中部分需求会流入工厦市场，对工厦租、卖市场起支持作用。

另外，据差饷物业估价署资料，2010年工厦预测落成量约6.8万m^2，较2009年仅3.2万m^2回升。虽然新供应量已突破数年前的供应荒，但依然处于偏低水平；与此同时，核心区写字楼租金攀升撑起造价，促使愈来愈多的用家租用价格低企的工厦物业。长远而言，工厦需求增多，再加上现时存款利息依然低企，促使各类型投资者转向入场费低且回报较高的工厦或货仓物业埋手，为资金寻找出路。

此外，2010年4月活化工厦政策实施，对于用家而言，可用较低成本因应需求改装物业。对于投资者而言，将工厦改装或重建为写字楼、零售铺、酒店等商业用途，可有效地提升租务潜力及回报。基于市区土地供应匮乏，近年发展商、投资者透过并购核心区旧楼重建的态度相当进取。相信在工厦并购及改装门槛降低之助就下，并购潮可加速旧工业区转型步伐，同时亦强化转型区内各类型物业的身价。

正因活化工厦政策加促中心区域的转型步伐，纯工业用户或付租力较弱的租户将逐步被边缘化，转投二、三线地域落户，而该等地域的工厦需求增加，有利带动租金上升；同时，预料在边缘地区的工厦售价仍然偏低的支持下，工厦物业回报将更为优厚。

第6章　澳门住宅市场步入回升阶段

中原（澳门）董事总经理　潘志明

踏入2010年，澳门楼市随着经济复苏的步伐而开始回复活跃，加上三、四月份多个大型一手楼盘开售，包括“御景湾”、“金峰南岸”及“凯泉湾”，掀起了市场抢购热潮，二手住宅成交量也受带动回升。即使其后内地、香港相继推出抑压楼市政策，及欧洲部分国家出现债务危机，澳门上半年楼市也没有受外围负面气氛影响。据澳门统计暨普查局数据显示，2010年第一季住宅成交量录得3884宗，第二季录得5372宗，上半年合计共有9256宗成交，与2009年同期的3078宗相比，大幅上升逾2倍。而楼宇买卖价值方面，第一季录得79.42亿澳元，第二季则录得137.8亿澳元，上半年成交金额合计217.22亿澳元，已超过2009年全年的成交金额总和。虽然与2007年楼市高峰时间的同期相比仍有一段距离，但足见澳门楼市已进入回升阶段。

图6-1　澳门住宅成交宗数与金额（2007～2010年第二季度）

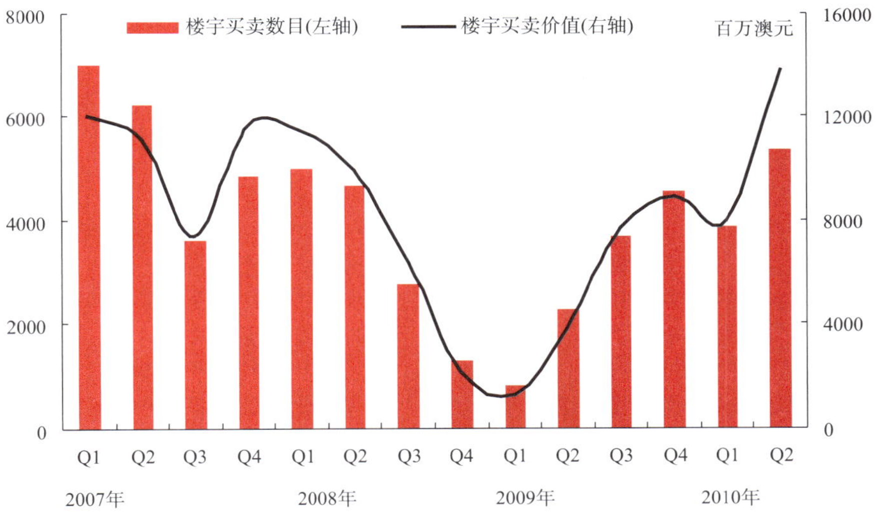

数据来源：澳门统计暨普查局。

具指针性的十大屋苑成交数据显示，十大屋苑之中，大部分屋苑的上半年成交量价均录得上升，当中又以平均呎价的升幅最为明显。其中，“壹号湖畔”的呎价升幅最大，上半年录得平均呎价约6457澳元，与2009年同期相比上升约37%；另外，“濠庭都会”录得上半年平均呎价约3131澳元，同比上升约36%。十大屋苑当中，大部分屋苑的平均呎价已超越2007年楼市高峰时期的水平，显示楼市已逐步走出金融海啸的阴霾（见表6-1）。

澳门主要住宅项目成交呎价（2007～2010年）　单位：澳元/平方呎　表6-1

年　份	季　度	澳门凯旋门	大潭山壹号	海名居	海擎天	海天居	濠庭都会	花　城	寰宇天下	君悦湾	壹号湖畔
2007年	第一季	4081	5800	2984	2333	2715	2289	2224	2113	0	5127
	第二季	4864	5955	2179	2490	2702	2460	2419	2269	0	5062
	第三季	4595	6491	2376	3816	2994	2513	2401	2321	0	5377
	第四季	4535	6329	2713	2670	3227	2900	2604	2491	0	6191
年平均		4519	6144	2563	2827	2910	2541	2412	2299	0	5439
2008年	第一季	4908	6839	3309	3113	3478	3264	3182	3031	5034	6639
	第二季	5307	6261	3066	3812	3673	3142	3263	3180	4982	7316
	第三季	5136	5838	2835	2890	3285	2890	3182	2854	0	5858
	第四季	3082	5025	2136	3017	3315	2466	2288	2271	5600	4546
年平均		4608	5991	2837	3208	3438	2941	2979	2834	5205	6090
2009年	第一季	3608	5678	2435	2304	2237	2175	2444	2296	0	4845
	第二季	4002	5937	2580	2508	2711	2441	2397	2525	0	4575
	第三季	4924	4960	3913	2706	3228	2844	2678	2761	0	5414
	第四季	4371	4961	3071	2915	3612	2936	2765	3078	5414	5918
年平均		4226	5384	3000	2608	2947	2599	2571	2665	5414	5188
2010年	第一季	4761	4805	2971	3084	3505	3118	2820	3043	4334	6143
	第二季	4799	6090	3199	3273	3787	3144	3079	3110	4186	6771
总计		4780	5448	3085	3179	3646	3131	2950	3077	4260	6457
与2009年同期相比		↑26%	↓6%	↑23%	↑32%	↑33%	↑36%	↑22%	↑28%	\	↑37%

数据来源：澳门统计暨普查局。

虽然外围气氛比较负面，但澳门有各种利好因素支持，其中包括大型基建的动工、GDP上升、热钱流入等，对楼市产生积极正面的影响。新城填海区、轻轨、横琴地区、金光大道五、六期工程及银河娱乐度假村等大型基建工程相继动工或复工，不但可完善澳门的公共建设，提升澳门的城市形象，为澳门楼市加分，而且更可为澳门引入大量外地雇员，从而增加澳门住屋需求。另外，据澳门统计暨普查局数据显示，2010年第一季的本地生产总值(GDP)逾474亿澳元，当局预料全年GDP约有双位数增幅。由第二季开始，内地、香港相继推出抑压楼市的政策，使有意投资当地房地产市场的投资者转持观望态度。相比之下，澳门楼市受到政府政策干预的情况相对较少，而且澳门与邻近城市如香港相比，现时楼价还处于相对较低的水平，未来将有很大的升值潜力，内地、香港等抑压已久的资金需要寻求出路，因此很大机会流入澳门房地产市场。

澳门本地生产总值（2008～2010年第一季度）　表6-2

年　份	季　度	GDP总额（亿澳元）
2008	第一季度	437.8
	第二季度	460.7
	第三季度	427.2
	第四季度	409.7
2009	第一季度	381.1
	第二季度	388.1
	第三季度	435.0
	第四季度	489.2
2010	第一季度	474.0

数据来源：澳门统计暨普查局。

另外，澳门单位供应量充足，据澳门统计暨普查局数据显示，2010年上半年澳门的建成住宅单位约有1937个，与2009年同期的907个相比，大幅层加超过1倍。上半年有“御景湾”、“金峰南岸”及“凯泉湾”等多个一手新盘开售，另外，于八月中推出的“金峰南岸”2期、“君悦湾”第二座，以及其他预料于下半年推售的新盘，如中海“天钻”、“壹号湖畔”、“文华荟”等，预计全年将为市场提供数千个单位。大量的住宅单位推出，有助为市场带来刺激，带动交投升温。

图6-2　澳门私人工程建成的住宅单位数量（2007～2010年第二季度）

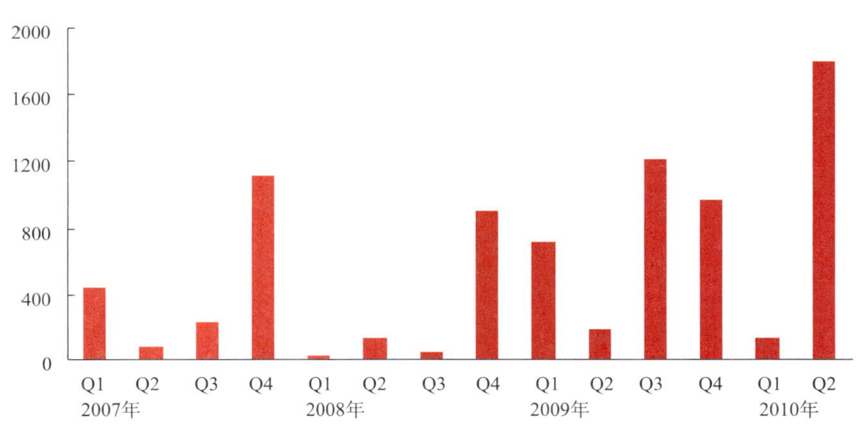

数据来源：澳门统计暨普查局。

第7章　澳门商铺市场交投活跃

中原（澳门）工商铺部营业经理　梁浩光

2010年，澳门经济明显复苏，旅游业及零售业皆旺，澳门商铺交投明显较之前活跃。据澳门统计暨普查局数据显示，2010年第一季商铺买卖成交录得409宗，第二季则录得466宗，上半年合计共有875宗成交，与2009年同期的856宗相比，轻微增加2%。而成交价值方面，2010年上半年共录得21.27亿澳元，已接近2009年全年成交金额总和（图7-1）。

图7-1　澳门商铺买卖成交数量及价格（2007～2010年第二季度）

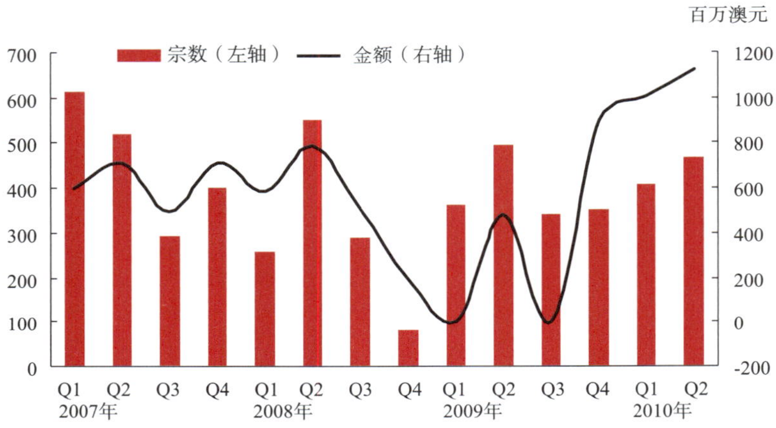

数据来源：澳门统计暨普查局。

2010年，澳门各区的商铺成交均畅旺。除一向受热捧的游客区外，旧城区、新口岸商业区以及各大型娱乐场附近的商铺均获得不错的成交量，其中以500万至2000万澳元的成交最多。另外，多宗大额成交在2010年出现。据中原（澳门）数据显示，截至八月份，超过5000万澳元的商铺买卖成交录得约8宗，涉及金额逾8亿澳元；其中超过1亿澳元的成交最少有3宗，包括以1亿澳元成交的新马路丝绸公司铺位、以1.05亿澳元成交的高士德三相连零售铺位，以及议事亭前地以2.7亿澳元高价成交的饮食铺位。

除着旅游业及零售业的发展，澳门的商铺需求越来越大，加上新落成的商铺数量比较少，因此近年澳门商铺已经到达供不应求的程度。2010年将有两座新商厦推出市场，包括“银座广场”及“俾利喇广场”。其中“银座广场”提供287个商铺数量，面积由130呎至92590呎不等，月租介乎于3500至181100澳元；另外，“俾利喇广场”为市场提供106个商铺数量，面积由33呎至7381呎，月租介乎于4000至120000澳元。两座商厦预期有望于十月前开幕，共为澳门商铺市场提供393个商场铺位。

截至八月为止，2010年的商铺市场表现可算非常理想，主要原因是受惠于蓬勃的旅游业及零售业，市场对商铺的需求有增无减。据澳门统计暨普查局数据显示，2010年首七个月入境旅客达14391515人次，与2009年同期相比增加19%。另外，上半年首两季旅客人均购物消费分别录得886澳元及761澳元，与2009年同期相比分别上升35%及49%。在旅游业及零售业此两个强大的后盾之下，相信澳门商铺市场未来的前景将会非常乐观。加上低息的投资环境，相信将吸引更多资金投入至物业市场，而物业市场中又以商铺的抗跌力及回报率最可观，现时商铺的租金回报一般可达2至4厘。澳门商铺的供应量相对较少，在旅游业及零售业的支持下，商铺必然会成为抢手货。再者，待轻轨落成后，强大的公共运输系统将会为澳门吸引更多旅客，必然可进一步推动澳门商铺市场的发展(图7-2)。

图7-2 澳门入境旅客人次及旅客人均购物消费(2009～2010年第二季度)

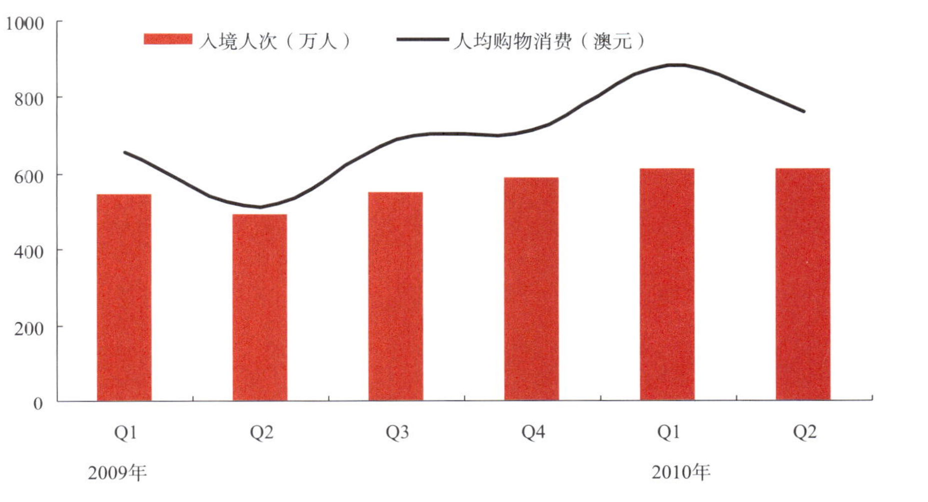

数据来源：澳门统计暨普查局。

Photo by: Hu wenkit 胡文杰 (www.pdoing.com)

Story

楼事

港 澳 | GANGAO

第8章　施永青评香港房屋政策

中原集团主席　施永青

8.1 政府应资助市民置业吗?

大部分政府，都会鼓励人民置业；因为，当人民拥有不动产之后，就会对土地有较强的归属感，并乐于看到自己资产的所在地繁荣昌盛。一般而言，已置业的人，政治取态会比较保守，会不自觉地支持政府的政策，对社会有稳定作用。因此，很多政府对自置居所的人都有税务上的优惠，如供楼的利息开支可以扣税等。

这类惠及全民的政策，相信没有人会反对。然而，香港过去的资助市民自置居所政策，却不是全民性的。最有钱的没资格申请，大家可以理解，但最穷的也不资助，就好像说不通。最基层的市民，政府只为他们提供出租性的公屋，却不予他们额外的资助，让他们成为业主。这种态度，等同接受市场机制——有钱始有得买楼，那么为何有部分没钱买楼的人可获资助呢?

由此可见，政府从没认为有责任令所有市民都达到置业安居的目的，否则为什么要遗下一批人不予以资助。如果政府并不视资助市民自置居所为自己应有的责任，那我们又应该以什么准则去判断谁该获得资助呢?

一般的资助计划，都会对贫困户资助多一些，富有户资助少一些；但香港的自置居所资助计划，却刚刚相反；愈是有钱的，有时政府就愈会多资助一些；愈是没钱的，政府就资助得愈少。以买居屋与夹屋[①]为例，收入高的买夹屋，收入少的买居屋，夹屋的面积大过居屋，即是说收入愈多者，获得的资助愈大。这种情况一样出现在同时获批买居屋者的身上，买得起大单位的，得到的资助会比只有能力买小单位的多。这并不符合一般福利政策的原则，可见福利政策一旦应用在带有投资性质的置业问题上时，就会被扭曲得不合理。

至于置业贷款计划，更会在私人楼宇市场制造更多的需求，令楼价升得更快。结果是令到更多的人失去自行置业的能力，需要政府出手相助。

其实，香港人买楼，除了为了安居之外，亦希望楼价上升时，自己的资产值同时上升。此之所以，当楼价趋跌时，居屋也乏人问津。现时，人们见楼价又再上升，所以都想分一杯羹，希望政府可以资助他们成为业主。可惜，他们忘记了，楼价只会在人人抢着要买的时候才会上升，如果变成人人都有机会得到政府的资助，那就再没有人肯死慳死抵去供楼了。每当一种商品变成由政府保证供应，人人都随手可得时，它的价钱一定升不起。如果价钱不会升，那香港人还会这么热衷去做业主吗?

我很担心，资助自置居所计划一旦全面推行，楼价就开始下跌，申请因而却步，变成计划的成功将导致计划的失败。这个实验董建华已经做过，社会付出的代价十分大，我们没有必要再试多一次。

8.2 复建居屋是好主意吗?

金融海啸后，香港的楼价只往下调整了不足半年，旋即又回头上升，令不少人又再担心，以后再也没有条件自置居所了。因应社会上这类担忧，大部分政党都认为政府应复建居屋。但我却不认为这是一个好主意。

居者有其屋计划，是1970年代末，由当时的殖民地政府构思出来的，它的功能主要有两个方面：

① 夹屋，属夹心阶层住屋计划，是指1997年前香港政府针对“夹心层”收入家庭的补贴性住房。夹屋的售价介于居屋和商品房之间，比居屋售价要略贵一点。

一是协助解决公屋的富户问题；二是安抚未有能力在私人市场置业的人士，尤以前者为主。

公屋中的富户，由于经济条件已获改善，本应交出公屋单位，予更有需要的轮候人士，不宜长期占用公共资源。但要富户迁出原有的单位，阻力极大；政府只好建居屋与他们换，以吸引他们把原有的公屋单位交出来。这种做法等如是以一种更大的优惠去换取一个较小的优惠，以橙换桔去益富户。富户要交出单位，本是天经地义的事，但政府为了省却自己的麻烦，竟动用更多的资源去装点门面，这怎算是一项正确的政策？

居屋最初推出时，一半单位配售与公屋住户申请，另一半才售予未能在私人市场买得起楼的人。后来由五五分，变成六四分，七三分，最高峰时期是八二分，都是优先卖给公屋富户。他们不用通过入息与资产审查，只要肯交出原先居住的公屋单位，已可获批购买居屋，这种安排，很明显对非公屋住户的申请者不公平。

其实，政府一直没有设想过，要在什么时候，让所有未能在私人市场置业的人，最终都可以买到居屋，政府只是每年推出一批单位，意思意思，就当了事；从来不会按向隅者的数量，去制定明年要兴建的居屋数目；不够分的话就抽签解决。

正常的福利政策哪有靠抽签去解决问题的呢？难道领综援[①]的人要抽签去决定是否可以获得社会援助？难道遇意外被送进医院的人要抽签才能获得急救？可见过去的居屋政策，只是聊备一格，让未置业者有个希望吧了。一如有六合彩开，穷人就不致对发达绝望吧了。可见居屋政策只是殖民地政府的权宜之计，从来都不打算如公屋政策那样，真的会全面落实的。

然而，现时有一些政客，却把自置居所描绘成市民该有的权利，政府应尽的责任。如果这套理论成立的话，政府不能在复建居屋后，继续以聊备一格的方式去处理市民自置居所问题，而得动真格，全面动用社会资源去加以落实。不然的话，政客与传媒一定会群起而攻之。以现时的社会风气，一旦提供自置居所变成了政府的责任，舆论一定会不断改善居屋的质素，之前已经出现过的夹屋，将来还可以有更高级的夹屋。如此发展下去，香港承担得起吗？置业花费庞大，势必挤逼掉其他福利政策的资源，影响社会基层的生活保障。

8.3 过一时的审查　享永久的得益

有调查显示：已买得居屋的人，都对买得居屋十分满意，并没有如坊间所说，有人埋怨受到此项政策误诱，做错了决定，因而蒙受了损失。我觉得这类调查没有多大意思，因为居屋业主基本上都是政策的得益者，能够以六折至七折的价钱，买入楼宇作十足享用，有什么还好埋怨。至于有没有人因买入后楼价下跌而后悔，则视乎调查访问的时间，今天做调查所得的答案，与2003年做所得的答案，当然截然不同。政府在决定应否复建居屋时，不能单看得益者的意见，还得衡量社会资源是否用得其所，看社会在整体上是否有得益。

我反对复建居屋的其中一项原因，是居屋的审批方法有漏洞，一定会引来经济学上所说的“寻租”活动。因为审批所根据的，只是申请者申请一刻的状况，但获批的得益却是永久的。即使申请者之后财政大幅改善，社会也不可停止这项住屋福利，或要求买得居屋的人退回部分得益。

租用公屋的人一旦成了富户，还得缴交双倍租金或市值租金，但买入居屋的人，只要选择自用，就不用补地价，亦不用缴交部分尚在政府手中的业权的租金。买居屋有折扣，这等同部分业权未有由政府手上转入居屋业主手里，故转售时要补地价；但现有政策未有要求，居屋业主在富起来之后，需要向部分业权的拥有人——政府，缴交租金；以致购买居屋变成一种永久性的得益。政府为何要厚待居屋业

① 综援，即综合社会保障援助。综援计划的目的，是以入息补助方法，为那些在经济上无法自给的人士提供安全网，使他们的入息达到一定水平，以应付生活上的基本需要。

主，而薄待公屋租户？这岂不是欺负穷人，而益经济上处境较好的人？这种安排明显有违福利政策的原则。

由于得益是永久的，而审查却是一时的，一定有人会想尽办法通过审查。我曾有雇员要求公司不要加薪给他，因为他正在申请居屋。我起初担心，这是否等同欺骗政府？但同事告诉我，工资是雇主与雇员之间的协议，政府干涉不了。只要公司没有私下付额外的报酬给雇员，就不是欺骗政府。我相信，没有雇主会反对雇员要求收少一点工资的。我的雇员在买得居屋后已转工，工资超过申请居屋的上限，但政府已无能为力。

我亦认识有些经济条件不算差的人，自己已有物业，但仍叫子女以独立身份，在刚出社会工作，工资未太高时，合起来去申请居屋。因为在申请居屋时，父母的资产是不用计在资产上限的要求上的。但这并不妨碍父母将来等子女买得居屋时赠给子女。

我担心，一旦资助市民自置居所变成政府的责任，人人都会趁刚出社会工作时，用尽自己的权利，不申请才笨。到自己的子女长大后再叫他们申请；到自己百年归老时，又会把自己手上的居屋作遗产留给他们。经过几代后，香港可能人人手上都有几间居屋，一间是自己趁符合资格时申请得来的，有几间是家族遗留下来的。这种情况是多么荒谬！

8.4 小量兴建居屋　反助楼价上升

有部分政客，常以建居屋可遏抑楼价为理由，鼓吹复建居屋。现实是居屋在这方面起过的作用甚小，原因是房委会在居屋的兴建数量上甚有节制，根本没有以遏抑楼价作为兴建居屋为目的。居屋自1978年推出，至2002年搁置，24年间，私人楼价自三百余港元一呎升至三千余港元一呎，合共升了十倍。足见以过去的供应量，实在不足以对私人楼价起遏抑作用。

居屋虽然由政府透过房委会兴建，但政府却放弃自行定价去影响私人市场。相反，房委会为居屋定价时，只会跟随私人市场的价格浮动，只是为了买家提供一个折扣吧了。因此，只会出现居屋的价格随私人楼价高而水涨船高，而不会出现私人楼价因居屋定价低而水退船低。在这种机制下，推出居屋很难可以对私人市场起调节作用。

再者，居屋出现后，地产商不得不因应居屋的入息上限，而自行重新定位，把低收入的，符合申请居屋资格的买家让给房委会去照顾，地产商则集中力量照顾收入较高的那批客户。当地产商所兴建的楼宇，其销售的对象还包括那些较低收入人士的时候，他们就得将货就客，兴建一些如大同新邨、荃湾中心级别的楼宇，定价不能太高，否则客户会负担不起。但如果这类单位，有居屋负责提供，那私人发展商就只好去兴建高一档次的“豪宅”，其定价自然不会便宜。因此，居屋的出现，收窄了私人市场的范围，令私人市场的买家都来自高收入人士，他们的负担能力强，令私人楼价更容易上升。

另一方面，由于房委会在订定居屋的售价时，只需参照由高收入人士组成的私人市场来定价，所以即使打了折扣给居屋买家，一样绝不便宜。房委会不但不用为出售居屋而作任何补贴，而且可赚取大量利润。如果居屋的业主将来补地价的话，那就等如连折扣也没打过，利润等同私人市场的地产商。

居屋的买家以为房委会益了他们，实质上房委会在他们身上所赚到的钱，不但足以抵消兴建居屋的成本，而且还有足够的利润，用来建公屋，解决基层的居住问题。房委会作为一个福利机构，竟能自负盈亏，不用政府每年拨款，真是全球独一无二。英殖民地统治者的伎俩，的确真有一手。

不过，殖民地政府很清楚，居屋只能小量供应，能令中产有抽中签的希望已足够，不能真的令中产阶层都不去买私楼，改为等政府照顾。因为一旦私人市场的价钱升不起，居屋也难卖得好。如果楼价跌至连建居屋也要政府补贴，势必连建公屋的能力也受影响。

回归初期，特区政府因摸不透个中奥妙，真的大建居屋，结果令整个社会都付出了沉重代价。现在又有政客热衷要政府复建居屋，而且还要真的大做，香港市民可要想清楚，这条路是否真的可以行得通。

8.5 居屋有投资成分　非民生基本需要

已不符资格去申请公屋，却又买不起私人楼宇，他们渴望有机会买到居屋。谁也不能否认社会上有这种需要，问题是这种需要该透过什么途径去得以满足？资助市民置业是否政府的责任？

住屋是民生的基本需要，政府在制定政策时，不可能不考虑市民在这方面的需要。香港已是一个相对富裕的社会，应有能力照顾社会的基层解决他们的基本住屋需要。政府可以透过兴建公屋，以较私人市场低廉的，基层可负担得起的租金，把公屋租予基层，以助他们解决生活的基本需要。

用这种方法，理念简单，资源运用得较为有效。收入符合资格的人可得到照顾，收入超出某个标准，就得交市值租金，或者自行置业，不用政府一直资助下去。政府就可以把资源用在更有需要的人身上。

现时，符合入住公屋资格的人，轮候时间不用三年。如果不是太拣择的话，上楼的时间可以更快。从这个角度去看，香港的住屋问题基本上已得到解决，政府在民生上的责任基本已算完成。

当然，大多数人除了希望有楼住之外，还希望成为自己居所的业主，因此，主张复建居屋的一项主要理由，是社会上确有这种需要。有相当一部分人，他们拥有一定的资产，这样不但可以更有安全感，而且还可以在资产价格因经济增长而上升时，也可以分到一杯羹。不过，这种需求，已非单纯的住屋需求，而是渗入了很大的投资成分，这可不是政府的责任。

一个人在解决了生活的基本需要之后，仍然有额外的积蓄，才可以量力而为地去投资。买居屋，其实也是一项投资，是有一定风险的。公屋租户，若生活上遇到困难，房委会可以减免租金。但买居屋是向银行贷款的，居屋业主一旦供楼能力出了问题，银行就会收楼，追欠款，损失可以十分惨重。因此，一个需要社会资助的人，根本不应去投资。

有人强辩，说买居屋的人只是为居住，不是为了投资。那又如何去解释：为何楼价跌的时候，居屋也乏人问津；到楼价高升的时间，居屋的申请者反而倍增？要居屋不涉及投资成分，定价就不应与私人市场挂钩，房委会应以发展成本卖楼，以重置成本收回，不让购买者藉此去赚钱。不过，这样一来，不但居屋购买者会失去意欲，连房委会也会失去发展利润，社会何来那么多的资源既要建公屋又要建居屋?

由此可见，居屋的理念混淆，不易制订统一的政策。政府若真的想协助市民置业的话，大可透过增加土地供应与改善城市规划，不一定用公帑资助的方式。这样可能更符合市场经济理念。

8.6 市民安居　政府有责

虽然批评居屋政策，但这并不表示，我认为政府没有责任。在宏观政策上，政府理应助市民安居乐业。我所反对的，只是非市场手段的优惠资助方式。相反，我认为，若非政府的房屋政策出了问题，以香港现有的经济发展水平，香港人完全有条件住得比现时好。据经济学家的观察，人类在生产能力比较低的时候，大部分赚来的钱都得花在食物上；经济再好一点的时候，才会花钱在住屋；再有能力的话，就会花钱去旅游，花钱去提升生活品位。以香港现时的经济发展水平，若在其他地区，当可以有更高的生活素质，但香港人却连安居问题都未解决。香港的人均居住面积，比同等经济发展的地区都要低，原因是我们买楼的钱主要是用来付地价，而不是付建筑费。若果政府土地供应充足的话，楼价中的地价比例就会降低，以香港人的赚钱能力，付钱去建造一间千余呎的单位应该并不难。深圳有很多人都能住上千呎的单位，没有理由香港不可以。

由此来看，只要香港有好的房屋政策与城市规划，根本无需居屋。居屋只不过以很贵的私人楼价打个折扣出售，但若然政府能令市场有足够的楼宇供应的话，私人楼价也可以跌至现时居屋的水平，根本无需政府扮好心，搞折扣优惠。

当然，一下子增加太多的土地供应会有后遗症，“八万五”的教训，我们应不会轻易忘记。香港已有超过一半家庭拥有自置居所，若一下子令他们的资产大幅蒸发，会令他们失去消费与投资能力，酿成通缩与经济衰退，对谁也不会有好处。

因此，政府在增加土地供应时，应密切配合宏观的经济形势，在经济增长得快，市场需求大的时候，多供应一点，经济放缓的时候，少供应一点；务求令楼价虽有得升，但升幅不会大过经济增长。这样，就可以令现时相对偏高的楼价逐步合理化。

政府常以调节楼价不易来推搪自己的责任，但现实是香港的土地供应主要由政府控制，政府怎可以把调节楼价的责任完全交给地产商？近年土地供应明显不足，2009年落成的新楼，只有七千多八千个单位，只及正常的三分之一，这叫楼价怎能不升？政府虽不能在调节市场时每次都做得正确，但起码要勇于认错，并及时修正已被证明失误的政策。

现时炒家之所以有机可乘，就是因为政府的政策还不够清晰；若是炒家看到政府已下定决心，在下一阶段一定会增加土地至楼价往下调为止，那炒家也会有所收敛。我相信，只要政府肯有节制地增加土地供应，香港人完全有条件逐步改善自己的居住环境，达到居者有其屋的境地。

8.7 可复建没折扣的居屋

本来，政府是可以透过增加土地供应，分阶段把香港的楼价降低至一般中产阶层可以负担得起的水平。然而，近年由于有大量内地资金的流入，香港的情况已被扭曲，变成即使市场上多了供应，楼价也不易下调。

中国内地只需有一部分富起来的人对投资香港地产有偏好，就可以打破香港的市场平衡。价格变动有一条够与不够的临界线，一如玩抢凳仔，如果十个人有十张凳，虽然仅仅够，也不用抢；但只要多了一个人，那就人人都有抢不到的威胁。市场的情况亦一样，只要打破了够与不够的临界线，竞争就足以令价格上升。

现时，香港人已因市场上多了一批内地买家而受到威胁，担心以后再也买不起楼。所以，我之前已建议政府，在批出土地时，需要一部分有限外条文，规定只能卖给香港永久性居民，以保障香港人的买楼机会，不致被外来资金夺去。可惜，我的表达方式不好，容易被人以为我排斥外来投资，担心有损香港作为金融中心的形象。其实，香港的居屋一直都有限外条文，我只要把我的建议，说成是建一种新品种的居屋，外来资金就不会那么敏感。

我觉得，香港的住屋问题，可以分三个层面去解决。收入最低的基层，可以住政府提供的公屋。入息超过申请公屋上限，但竞争能力却不及外来投资者的中层，政府可为他们提供有特定销售对象的土地，令他们都有机会买楼。至于最高收入的阶层，政府亦会提供土地，但这些土地会同时间开放给外来投资者，他们得自行去竞争。有关第二类专为中层而设的批地，我认为限制愈简单愈好，这样就可以用市场机制去落实，不必动用政府部门过多的行政干预。这样就可以减少旧居屋政策中的福利与投资并存的矛盾。这类土地可以直接批给私人地产发展商发展，不必经过房委会，政府甚至不用规定地产商打折扣优惠买家。政府只需调节供应，以令这类居屋的售价，处于买家可以承担的水平。不过，楼宇建成后，地产商不能把楼留作收租，必须开盘出售，而销售对象必须是香港永久性居民，以保障中产阶层有置业机会。

此外，政府在批地时，可以规定只能建八百呎以下的单位，以减少高收入者买这类单位的意欲。同时，政府还可规定，香港人在一生中，只能买一次这类单位；买入后只能自住，不能出租，若要转售，也只能卖给香港人。这样，既可以人人有份，不失其公平性，同时，又可以保障物业会落在本地用家手中，不自住就没有效益，减少用家市场被投资因素所扭曲。政府只需提供一个中央数据库，让律师楼审核买家的资格，这个新居屋系统已可运作。

第9章　香港房屋政策的误区

香港中原地产研究部联席董事　黄良昇

房屋及运输局局长郑汝桦撰文指出，协助市民自置居所不是特区政府的施政目标。而行政会议召集人梁振英却另外撰文指出，协助市民自置居所，乃负责任政府的长远规划目标，是维系社会稳定繁荣的重要政策。大有重新召唤“七成自置居所目标”的亡灵，为“八万五政策”的冤魂平反之意，将尘封的“长远房屋策略”重新上台。再者，特首曾荫权宣布重启资助市民置业的咨询工作，为期五个月，于2010年10月施政报告中交待。本文将借此咨询期内，撇开政治诉求和政党利益，重新审视香港的房屋政策及公营房屋所扮演的角色。

9.1 房屋需求放缓

香港已进入发达的经济体系，伴随出现的是人口老化。根据香港的人口统计，年龄中位数由1996年的34岁，上升到2006年的39岁，估计2016年便达到42岁，2026年更高达45岁。

人口老化，代表新增人口不足和年轻人口不够。新增及年轻人口不足，令新增家庭数目相应下降。虽然家庭的数量是持续上升的，但上升的速度却在1997年见顶后回落。即1997年前，本地家庭增长率是处于加速的阶段。1997年后，家庭增长率掉头回落，由加快变成放缓。家庭增长放缓一直持续至今，2008年有轻微改善，2009年又再下降。虽然2004年起，本地注册结婚数字回升，但仍未扭转跌势。

图9–1　香港历年家庭住户数目及五年升跌（1987～2009年）

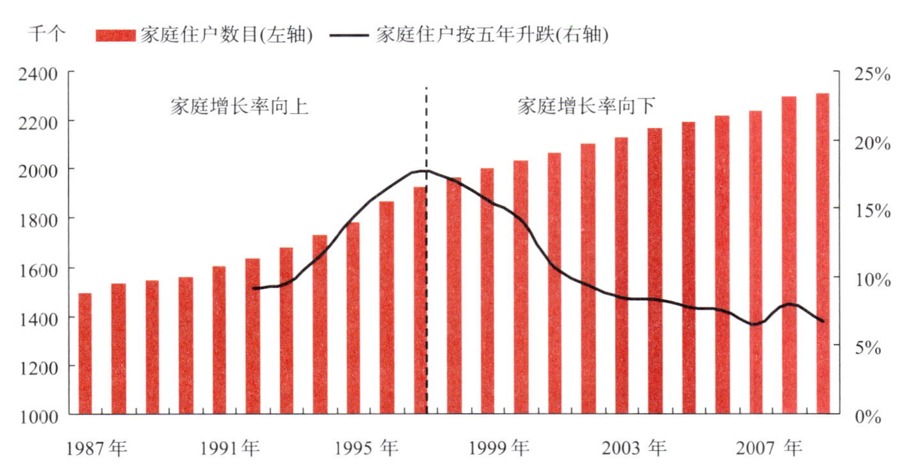

数据来源：香港中原地产研究部。

家庭增长率向下，即新增家庭不足，而房屋需求是以家庭为单位的。纵使每个家庭平均人口下降到不足三人，甚至单身家庭逐步出现，仍然无法改变整体人口老化，房屋需求下降的整体趋势。除非香港移民政策作出重大改变，否则形势难以逆转。

9.2 房屋供应不缺

事实上，香港的房屋总存量，一直多过家庭的总数目。截至2009年底，香港永久性住宅有251.6万个，而家庭总数目只有231.1万个。即住宅较家庭总数，多出约20万个。这种情况不是短期现象，自从1989年后，房屋总数就超过了家庭总数。其间历经20年都没有改变，而且差距是反复扩大的。1990年代，住宅多过家庭，平均约为10万个上下的水平，踏入本世纪首十年，差距扩大到20万个上下的水平。

图9-2 香港历年永久住宅单位与家庭住户数目之比较（1987～2009年）

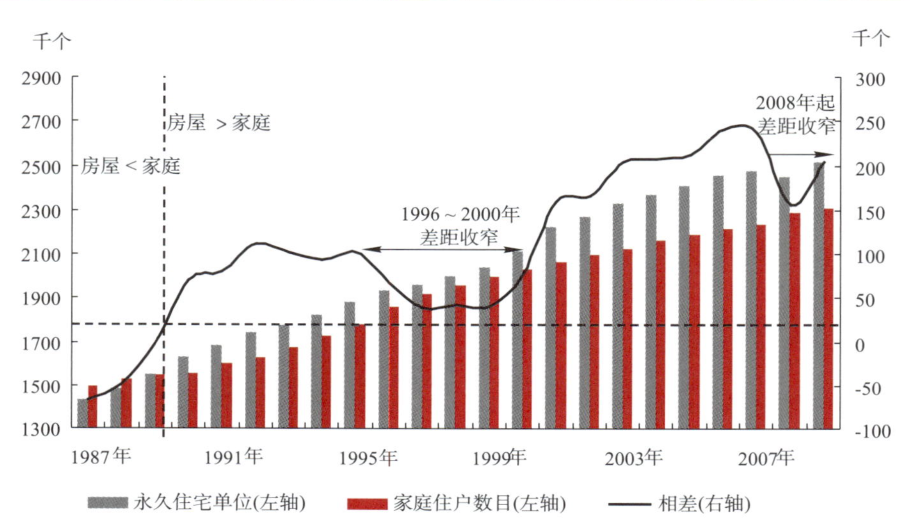

数据来源：香港中原地产研究部。

住宅单位总数长期多过家庭的总数，反映香港不再面对房屋短缺的问题。另外，社会财富累积快速与科技进步，令整体建屋能力大增。只要拨出资源，每年建屋十万个亦非难事。

现时房屋多过家庭，即供应大于需求。而社会上仍然有少撮人要住笼屋或板间房，这是公屋资源分配的问题，不是建屋不足的问题。有人露宿街头，更是社会问题，需有社工跟进。

9.3 房屋政策无法配合社会实情

1998年公布的长远房屋策略，是建基于1997年前预期人口增长持续，需要持续大量建屋。不单止家庭增长率向上，更有潜在人口暴增的隐忧，担忧回归后有大量港人内地子女来港定居。但事实上二者均没有出现，港人内地子女因为人大释法而不能来港，而人口增长亦在1997年见顶回落。1997年前视为必须解决的二大难题均落空，既定的房屋政策无法配合社会的实情。

除此以外，房屋政策背后的隐藏动机，是以公营房屋来调控私人住宅楼价。1989年移民潮提前出现。殖民地政府为了支持楼市，不惜削减公营房屋的供应。1990年到1997年，家庭增长率加速，公营房屋增长却放缓。政府成功支持楼市，后遗症却是房屋多过家庭的差距出现短期收窄（1996～2000年），差幅由十万个跌至五万个的水平。

1996年及1997年私人房屋市场楼价狂升，社会舆论归咎于房屋供应不足。因而，特区政府刚成立，便推出八万五建屋大计，藉此压抑楼价。八万五是以公营房屋为主导，每年建屋五万个；私人房屋为辅，年建三万五千个。1998年因亚洲金融风暴，政府宣布停建夹屋，但1997年前已经大量动工的居屋却继续进行。1998年到2001年，家庭数增长放缓，而公营房屋增长却加速。

亚洲金融风暴后，由于楼价大跌，负资产者急升到十万户，社会怨气甚大；更甚于1997年前楼价急升之时，抱怨置业困难。社会矛头指向居屋，指责房委会建居屋与民争利，居屋抢走私楼买家……。特区政府为了支持楼市，又推出“孙九招”，停建居屋及停售公屋，再次削减公营房屋供应以支持楼市。

特区政府成功支持楼价回升后，并没有及时检讨与修订政策。2006年起，公营房屋增长率的跌幅大于家庭增长率的跌幅。导致2008年起，房屋多过家庭的差距再次收窄，由24万个的高峰回落至20万个的水平。2010年楼价持续上升，舆论又掉转矛头，指向房屋供应不足，要求复建居屋。但事实上，今天的房屋单位数量仍然较家庭多出20万个，远远高于1997年时约四万个的谷底。

图9-3　香港历年来家庭住户数目与公营房屋升跌变化率比较（1987～2009年）

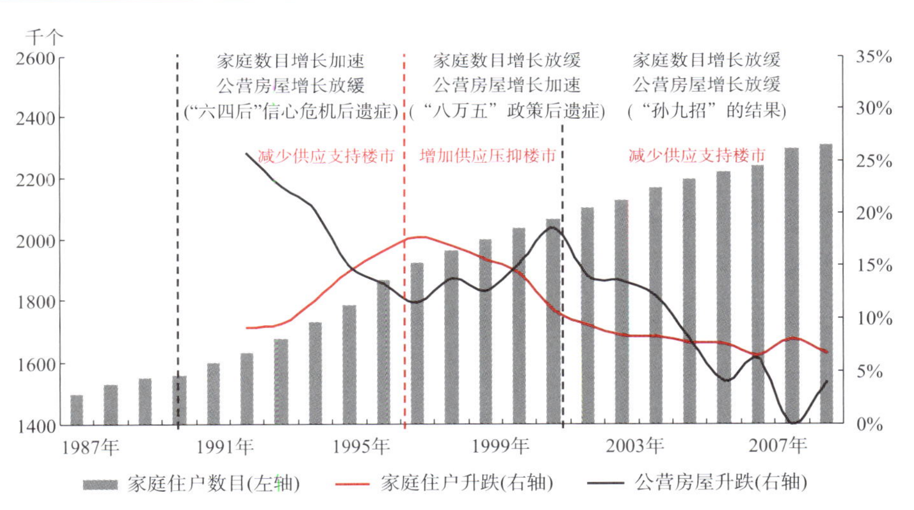

数据来源：香港中原地产研究部。

9.4 行政干预市场存在滞后

每逢楼价急升或急跌，房屋供应都会被拿来当话题。楼价升，因为房屋供应不足；楼价跌，就是房屋供应太多。房屋供应不足，政府应主动多建居屋；房屋供应多，政府就要减建或停建居屋。但事实上，自1990年起，房屋总数就超过了家庭总数，在总数量上没有供不应求，即供不应求不是楼价升跌的主因。在整体房屋供应充足的条件下，主导楼价升跌是利率、汇价和通涨。港港元汇价受制于联系汇率不能改变，令到利率大幅波动。利率大幅波动，通涨或通缩都无法调控；形成资产价格大起大落，楼价亦无法幸免。

楼市本身就是周期性的上升和下跌，联系汇率进一步加快和加大楼价的上下起伏，港人必须适应这种环境。但无奈住屋涉及基本民生和公共财富分配，与市民自身利益攸关，社会矛盾难解。楼价升，市民抱怨置业难；楼价跌，业主身家缩水；打击消费，更害怕陷入负资产的泥沼。

市民把楼价上升和下跌所引发的不满情绪指向政府，因为政府手上有居屋。政党、政客及传媒趁势向政府施压，迫使政府干预私人楼市。楼价升，建居屋；楼价跌，停居屋。市民一厢情愿地，以为透过房屋政策便可以调节私人楼市，本来就是缘木求鱼。

最糟糕的是政府本身，亦希望透过控制公营房屋的供应，来调控私楼楼价。因为政府奉行联席汇率，自废武功，没有汇率及利率政策，无法微调市场。政府手上只有财政政策，透过公共财政，增减公营房屋。楼价跌，削减公营房屋，令住屋需求流向私楼市场；楼价升，增加公营房屋，分流私楼市场的住屋需求。

行政干预市场，是迫于无奈，甚或一厢情愿。但市场变化快，行政反应慢。每每贼过兴兵，增建居屋却遇上楼价跌，减建居屋却遇上楼价升。本来调控楼价的居屋，变成扰乱楼市的工具，加深社会矛盾。

最后，楼市一如所有自由市场，自有其上升和下跌的周期。与其控制，不如顺应。楼市虽有周期，但何时转势向上或向下，却是难测。在升市时制定的政策，变成跌市时的毒药。跌市时制定的政策，又变成升市时的兴奋剂。难有一套万全的房屋政策，可以同时应付升市和跌市。世上只有乌托邦式的政治理想，兼假大空的愚民政策。

9.5 复建居屋实乃政治议题

政府重启房屋政策咨询，引发社会内部的角力。支持及反对复建居屋的，都力陈自己的立场和论点。复建居屋由民生问题，演变成政治问题。政府透过咨询，向市民交待资助置业所产生的问题，并无误导。相反，隐藏过去资助置业的错误，才是误导市民。作为负责任的政府，应如实交待。相反，作为不负责任的政客，一味鼓吹复建居屋的好处，避免不谈坏处，实为贻害社会。读者谨记，任何的房屋资助，最终都是由纳税人支付。任何咨询都须考虑纳税人及受助人的利益，不能单看其中一方。公帑不是官员或政客的政治资产，不可单听其中一方的意见。

政府发表的资助置业咨询文件，只披露过去32年，各项资助计划共有42.9万个家庭受惠。其中涉及多少公帑呢？政府只能计算公屋及居屋的建筑费，无法交待地价的负担，到底纳税人的承担有多少呢？而置业贷款计划，平均每户需要17万港元资助，即提供一万个名额，便涉及32亿港元公帑[①]。历年来累计有3700个资助贷款人未能偿还欠款，涉及9亿港元。

如果政府兴建居屋，令私楼价格下跌，就是用纳税人的公帑，打击纳税人的资产，这是很矛盾的现实。纳税人愿意照顾老弱贫病，但协助其他人买楼便有违公平原则。

特区政府复建居屋乃迟早的事情，今届政府若顶得住压力，下一届政府亦要面对。因为政改方案获通过，将扩大立法会民选议席，而无论建制派或泛民人士皆要争夺选票，连问责官员亦要争取民望。最终是拿纳税人的钱来买票及买民望，而后遗症便留给后人。

有民意代表向我表明，是否复建居屋，向来都是政治问题，借此反驳我的理据，指出尽管任何经济上的效益分析，复建居屋都是政策上的失误，但都无法阻止复建居屋。我衷心向这位民意代表致谢，因为他愿意讲真话。不会搬出大堆政治口号，博人同情和大义凛然的说法，来支持复建居屋。

复建居屋乃政治议题，民生居住所需是一种包装，令你无法拒绝。问责官员是要借此收买民望，争取竞选特首的，更要收买民心。政党无分建制或泛民，都要收买选票，房屋福利少不了。由出售公屋、复建居屋、置业贷款、中产公屋……，各种不同名堂的房屋资料计划层出。种种收买方式，根据政党的不同利益立场而加以提倡。

---

① 公帑即公共财政支出。

基层市民盼望复建居屋，因为有实质获利。中产阶层明知复建居屋后患无穷，但苦于没有真正的中产政党，加上中国人的传统，不愿阻人“发达”，中产很难上街抗议表达意见。富人更会附和复建居屋，以免被指“为富不仁”。

复建居屋本质上是利益再分配，以公帑补贴部分市民置业，而费用却由全体纳税人支付。受惠的市民却不会感谢其他纳税人，反觉是应得的。楼市好的时候，纳税人不会计较；楼价一旦下跌，纳税人又自觉被不公平对待。因为既要承担负资产，又要补贴其他人，从而引发负资产者上街示威。居屋是利益分配的工具，吸引政客和政党介入。政治势力一旦介入，更加是非不明，兼且矛盾重重。

第10章 “九招十二式”与楼市之公平建设

香港中原地产住宅部董事总经理 陈永杰
香港中原地产公关部高级经理 林淑萍
香港中原地产将军澳区营业董事 谭桂贞
香港中原地产新界北豪宅、加州、锦绣、粉岭及上水区营业董事 许伟邦

为了响应香港市民对于楼价过高之抱怨，及遏止市场的炒风，香港政府继2010年3月时公布的财政预算案，以四招稳定楼市措施后，于同年的4月再推出“九招十二式”，规管发展商一手楼花销售。

“九招十二式”所推行的措施主要可分为两大类：第一类主要是加强保障一手买家，例如规定示范单位不能太失真；发展商需提供更多推售单位之售价及数据，例如准买家可于示范单位内度尺及拍照等。第二类是涉及土地、住宅单位供求的宏观政策，包括主动推出豪宅土地拍卖，及研究活化居屋二手市场等。

10.1 提升一手楼销售透明度益各方

“九招十二式”所制定之措施，与发展商一向采用之销售方式明显不同。于“九招十二式”推行初期，由多个主要发展商组成的地产建设商会，需不断开会讨论，以及向政府反映各项措施之可行性。由于香港发展商对于新推行之“九招十二式”初时不太习惯，需时研究新策略及应对办法，故于推行的首两个月，未见发展商推出全新项目。直至5月下旬，由英皇集团推出西环项目“维壹”；紧接6月中旬，由信和集团接力，推出奥运站“帝峯・皇殿”，一手楼市的销售情况才有所改善。

于“九招十二式”下，发展商于销售一手项目时，无疑是增加了成本，增设“清水房①”便是其中一例。现规例下，发展商除了一如以往搭建示范单位外，亦要多搭建一间清水房，让买家可如实的感受发售单位之空间感。但于香港寸金尺土的环境下，需找多一个空间搭建清水房，无疑增加了发展商的成本。

对于消费者而言，“九招十二式”的推行当然最为有利。以往发展商严禁看楼人士于示范单位内拍照或度尺，但新措施下，拍照及度尺已不再禁止；加上规定项目开售前七天派发楼书，三天前派发价单，这一系列措施，皆可大大增加一手楼销售的透明度。买家于购买物业前，可从物业的面积、间隔及价钱考虑得清清楚楚才入市，大幅减少了售后投诉之机会。

特区政府推行的“九招十二式”，对于提升香港一手物业销售的透明度，树立了重要的里程碑。总括而言，除了推行初期发展商需时适应，拖慢了一手的推售进度外，对于平衡楼市发展，带来了裨益。根据香港中原研究部的数据，于“九招十二式”措施推行初期，2010年5月份香港一手住宅登记仅录668宗，较4月份少65.5%；6月份更跌至462宗，为2009年2月后的新低；2010年7月，已回升至1100宗。相信，“九招十二式”可令香港一手项目于更公平、公正及公开之环境下销售，消费者、发展商及代理均是赢家。

10.2 活化居屋二手市场待观察

政府推行的“九招十二式”中，其中一项措施为活化居屋二手市场。为促进居屋单位在市场流转，房委会提出三项措施活化居屋二手市场，包括以香港按揭证券公司作担保人，方便新业主能向银行贷款，分期缴付补地价；延长按揭还款期至 30年，使老牌居屋可承做较长年期的按揭；以及缩短二手居

① 清水房，即没有装修过的毛坯房。

屋买卖所需文件之审批时间。

追溯居屋历史，1997年回归后楼市急跌，政府于2002年决定停建及停售居屋以稳定楼市，居屋停售的随后几年，楼市渐渐回稳，至2007年，政府将剩余未卖的居屋货尾分批推出发售。最近一次为第六期居屋货尾，于2010年7月发售，超额认购达11倍，可看上车盘[1]需求甚大。目前，全港共有约32万个居屋单位，当中有超过25万个未补地价。

活化居屋二手市场其中一个措施，是“居屋补地价贷款担保计划”，预计九月中由按揭证券公司推出。相信该措施对白表人士（非公屋住户申请人）最为受惠，因为白表人士只能购买已经补地价的二手居屋。活化居屋二手市场预料可以刺激二手居屋的成交量，增加二手居屋市场的流通量，令二手居屋及公屋供应同时增加，舒缓私楼压力，长远有利楼市健康发展。由于是次计划的对象是没有能力购买私楼的市民，所以此次活化居屋二手市场对私楼市场影响不大。

从居屋业主的角度来看，大部分业主当年都是因为资金不足够购买私楼才选择购买居屋。即使想提升居住环境质素，现时沽出居屋所获得的资金亦只能够支付私楼首期，日后的供款生涯更可能令生活素质变差。从公屋户的角度来看，现时不少居屋的间隔及设计都与新式公屋相若，要他们迁往楼宇质素相若，但楼龄较高的居屋单位，需要有较大的经济诱因，否则他们不会因此而放弃公屋资格。其实，现时在公开市场交易的二手居屋单位，一般也是由买家缴付补地价。现时部分银行提供的居屋按揭贷款可高达九成，还款方式灵活弹性，大大减低买家的财务压力。可惜，现时居屋单位市价高昂，愿意高价入市居屋单位的买家相信亦不多。

成功置业，拥有一个安稳舒适的家是每一个香港市民的梦想，亦有助香港经济稳定发展。全港居屋二手供应量庞大，活化居屋二手市场可实时解决市民的置业需求，唯政府需审慎考虑如何协助市民上车，同时也能改善居屋业主的居住环境。

10.3 禁止地产经纪买一手楼引质疑

继香港特区政府于2010年4月推出“九招十二式”规管一手楼花销售后，5月份多个半公营机构包括市区重建局及地产代理监管局，皆接连推出多项措施，以配合政府的招式。

市区重建局推出八项措施，包括规管市建局旗下物业于销售时，参与之发展商及代理所应遵守的指引，当中不少是旧酒新瓶、花拳绣腿的功夫。其中一项“合作发展商不可出售任何单位予协助销售推广该楼盘的物业代理行及中介人，包括参与销售该楼盘之工作人员”引来代理业界极大回响。

首先，条例内容模糊，对于“参与销售该楼盘之工作人员”未有清楚厘清。再者，此条例对于地产代理界有欠公平。新条例中指明即使合作发展商的任何董事成员经理级或以上的高层职员，如欲购买单位，须于签订合约前，以书面向市建局申请。参与及有份制定价单的发展商职员，尚且有购买单位的自由，但为何“一刀切”，扼杀地产代理购买市建局物业之机会？此举有违公平原则，亦不符合自由经济市场规律。

物业代理与有关工作人员于销售过程中，并没有获得任何特别优惠，跟一般消费者没有分别，那何来剥削地产代理入市之理据？市建局作为法定公共机构，于推动市区重建的同时，亦应顾及市民大众之利益，除不鼓励炒风外，亦不应政策不公。

① 上车盘，一般指比较便宜的房子，适合首次购房者。

第11章 信贷对香港楼市影响

11.1 “拆息按揭”带动转按热潮

香港中原按揭经纪有限公司董事总经理　王美凤

香港息率持续处于历史低水平，低息环境促使不少业主考虑转按，又或转按兼套现，于节省供楼利息之余，利用物业套取低息资金进行投资或其他用途。香港金融管理局（金管局）公布的住宅按揭统计显示，2010年上半年新批转按贷款宗数已达22543宗，涉及按揭金额高达492亿港元，较2009年同期出现强劲增幅，分别增加273%及392%。而两项数字皆已超越2009年全年新批转按数字及金额，可见市场上出现一片转按热潮。

图11–1　香港历年新批转按宗数及金额–按半年计（2003～2010年上半年）

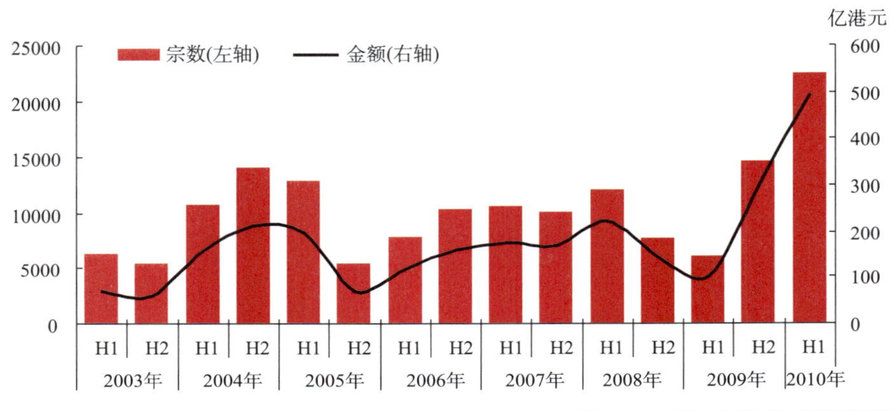

注：H1指上半年，H2指下半年。
数据来源：香港中原按揭经纪有限公司。

11.1.1 “同业拆息按揭”节省利息显著

带动转按潮的其中一个原因，正是因为“香港银行同业拆息”（“Hong Kong Interbank Offered Rate”；简称HIBOR）挂钩之按揭计划（以下简称“H按”），持续较“最优惠利率”（Prime Rate）为基准之按揭计划（“P按”）节省利息显著，吸引不少借款人由P按转用H按。在2009年以前，P按一直是传统的主流按揭产品，几乎独占按揭市场，市场上大约9成以上按揭借款人均选用P按。但自2009年开始，由于H按具有前所未见的节省利息优势，加上银行对H按之大力推广及传媒广泛报道，按揭借款人对H按的认知度大大提升，普及度已今非昔比。根据金管局统计数据，2010年H按的选用比例节节上升，截至6月份之比例高达84%，而选用P按者仅达15%，反映H按之主流地位已十分牢固。

踏入2010年，香港银行界资金继续泛滥。香港的经济体系自由稳定，并背靠经济动力偌大的中国内地，吸引外来资金不断流入。而且，本港整体息率主要跟随美息走势，但观乎美国经济复苏步伐未稳，欧债危机更进一步拖累美国经济，相信年内美国不会贸然加息；换言之，香港之超低息环境仍会维持，银行同业拆息将持续性处于异常低水平。

在2010年，H按的息率继续处于历史性低水平，实际息率徘徊在1厘或以下，与P按的息率之差距达到1厘或以上，息差甚阔。以每100万港币的按揭贷款额计算，每月利息支出可相差达800多港元。以一个中原按揭客户转按的个案作例子，客户在A银行之尚余按揭额是300万，按揭息率是P减3%（实际按息为2.25厘）。8月份，该客户决定转用由B银行提供的拆息按揭计划，批出之息率为HIBOR加0.7%，以8月12日之一个月期的拆息0.22厘计算，转按后之实际按息降为0.92厘，每月供款由15534港元降为13690港元；不但每月少供1844港元，由于利率降低可促使偿还本金比例提高，归还本金比例更由64%上升至83%。而且，银行为争取客户转按，更提供现金回赠，金额为贷款额之0.8%，即24000港元，足可于抵消转按律师费之余，更有余额收益。

图11-2　香港近年各类转按计划的选用比例及走势（2004年5月～2010年5月）

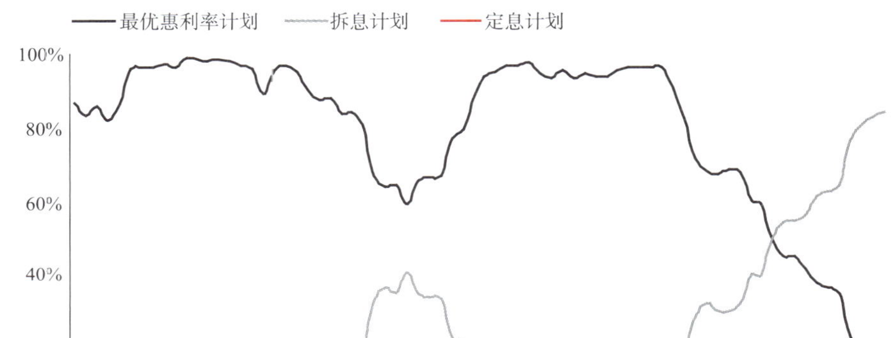

数据来源：香港中原按揭经纪有限公司。

11.1.2“拆息按揭”存在波动性

H按虽有节省利息优势，但其波动性问题亦是客户十分关注的问题，担心一旦拆息抽高，供楼利息或大增失预算。银行为了增加按揭产品竞争力，亦不断优化H按，为客户提供之封顶利率，息率上限由一般为P减2.5%降至P减3%水平（即实际息率由2.75厘下调至2.25厘），贴近于P按一般息率2.15厘。换句话说，即使拆息抽高，借款人仍可享有与P按相近的息率，变相提高了H按之优异性及稳定性。

金融海啸之后，香港楼市极速重拾升轨，截至2010上半年，整体楼价由低位上升超过40%。眼见物业升值兼利率低企，不少业主亦把握机会，申请转按节省利息之余，亦将物业升值部分套取现金用作投资、装修、创业等用途。

同样以一个中原按揭客户个案为例，客户于2009年3月以210万港元买入位于新界深井“碧堤半岛”的一个690呎单位，向A银行承造7成按揭贷款，按揭息率为P减2%（实际按息为3厘）。该客户后于2010年4月申请转按兼套现，期间该单位估值已升至300万港元；最终其获B银行成功批出估值之7成，即210万港元贷款额，息率为全期HIBOR加0.7%；扣除尚余按揭金额144万港元，即以不足1厘的低息套取现金66万港元，而每月总供款仅较前多约500港元。

以物业转按方法套现的借贷成本，属于史无前例的超低水平，遂2010年按揭市场上亦涌现一批转按套现客群。实时享有明显节省利息效果的H按产品甚为港人所爱，由于银行同业拆息与最优惠利率的息差未有收窄的迹象，相信2010年H按计划仍会在市场大行其道。

11.2 香港何时加息?

香港中原资产管理有限公司首席分析师　李冈峰

目前环球息率均处于历史低水平，大家都能理性地预料环球利率上扬是迟与早的问题。现在大家最关心的，自然是加息的时间表。在现时的联系汇率制度下，香港需要跟随美国调整利率。所以要预测香港的加息时间表，便等同于去预测美国的加息时间表，除非港港元跟美港元脱钩。

11.2.1 何时加息看美国

自2009年开始，便有不少分析员预测美国的加息时间表。大多的原先估计，均是认为美国会在2010年年中或年底时开始加息，笔者对此都是一笑置之，因为明显地那些分析员并不真正了解现实情况。随着近期美国公布的经济数据有转差迹象，现时很多人纷纷转变态度，不断将美国的加息时间推迟。究竟美国会何时开始加息呢?

◆ 美国经济长远难有起色

个人认为是否加息，最关键的问题，不是美国的经济会何时复苏，而是其复苏的可能！虽然美国目前还是全球的经济第一大国，但是却出现了严重的结构性问题。譬如现时美国人平均一小时工资约19.30美元（约150港元），但现时很多东西美国能生产的，其他国家一样能够做到，而且成本更便宜，所以美国的制造业始终难有起色。而以美国现时的负债状况，其竞争力薄弱的制造与出口业根本不能带动美国走出困境。

其次，1997年香港楼市泡沫爆破跟美国的楼市泡沫爆破相比，可以说是小巫见大巫。当年本地楼市泡沫爆破前，纵使楼价疯狂，但一则当时银行贷款相对美国的做法较为审慎，二则香港人一向储蓄率及财富累积较多；相反美国楼市泡沫爆破前，当地银行纵使明知贷款者根本没有能力偿还，却仍胡乱批出贷款，而且美国过去十多年的经济繁荣，均是建筑在以债养债的基础上，而非实际生产。所以不难想象，当美国人在借钱方面出现困难时，其经济便会出现极负面的连锁效应。在美国政府的干预下（早前推行买楼退税优惠），现时美国楼市平均楼价仅较2006年高峰期时下跌约20%。笔者相信，美国平均楼价或会再多下跌20%～30%。在此基础下，美国在未来数年根本无加息条件。

◆ 美国债务累累

美国人一直都是靠以债养债，创造了多年虚假的繁荣现象。实际上美国人的负债情况有多严重呢?至2010年7月，单是美国政府的欠债已高达13万亿美元，相当于当地人民生产总值的93%。而美国政府、美国人民及当地企业的负债之总和，更相当于当地人民生产总值的300%，即平均需要每借3美元，才能创造1美元的经济效益。在如此情况下，阁下还会认为作为全球最大负债的美国会主动增加自己要付的利息吗?

11.2.2 何时加息看油价

基于上述美国经济前景欠佳及已经负债累累，笔者相信，如果可以的话，美国未来十年都不会加息（像日本）。当然，息率不会如此长时间地低企，因为现时各国政府一齐推出量化宽松政策，最终的恶果必然会带来非常高的通胀。当通胀高到超越了各政府所能忍受的范围时，纵使经济依然没有起色，政府最终亦必须加息去打击通胀这头大老虎。所以要预测美国/香港何时会加息，最终要看的还是通胀。

笔者预测在未来数年内油价将会突破147美元的高位而引发加息潮，可是并不代表本港楼价会马上大跌。因为纵使利率回升，但扣除通胀后的实际利率仍一样可以是负数的。实质负利率继续刺激楼价上升，即高通胀与高利率并存，过去里根总统时代亦曾出现。

11.3“按揭正面信贷数据库”开放的影响

香港中原财务有限公司董事总经理　梁理中

自2003年8月，香港个人资料私隐专员公署修订个人信贷数据实务守则，“正面信贷数据库”逐渐开放正面信贷数据，为银行及金融机构（必须先成为“正面信贷数据库”之会员）批出无抵押贷款作把关参考。目前数据库内除储存无抵押贷款申请人之基本个人数据外，并会显示申请人所有无抵押贷款，如私人贷款、循环贷款、透支户口、税务贷款及信用卡等；有关资料会于申请人第一天开立贷款户口时已汇录于“正面信贷数据库”内，并且每月更新；申请人部分有抵押贷款，如汽车贷款、租赁贷款及租购贷款，及申请人之按揭贷款超过六十天之逾期还款记录，也将汇录于该数据库。此外，“正面信贷数据库”亦会透过风险管理方程式，利用数据库内之信贷记录，为有需要之银行及金融机构，提供申请人之信贷评分，协助贷款机构预测现有客户及未来客户的信贷行为，评估无抵押贷款申请人于未来十二个月内全数还款、又或逾期还款的可能性。

11.3.1 现存记录欠缺按揭数据

目前“正面信贷数据库”之内容，主要为协助银行及金融机构批核无抵押贷款。当遇有客户申请按揭贷款时，银行及金融机构都会根据“正面信贷数据库”内之无抵押贷款每月还款数据，包括客户之“供款债务对入息比率”的计算结果，以决定会否批出按揭贷款。可是，由于现时数据库并不包括客户之按揭数据，银行及金融机构其实无法全面依据数据库之内容，为批出按揭贷款而作分析参考；部分批核按揭贷款较严谨之银行，甚至或会查核申请人在“正面信贷数据库”上显示所有之地址物业数据，查看是否属客户所拥有，从而追问按揭申请人之总体按揭贷款数据。

11.3.2 按揭数据认定标准尚需讨论

为打击楼市炒风及防止银行过度借贷，特区政府早已有意提倡推出“按揭正面信贷数据库”，补充目前“正面信贷数据库”内所欠缺之按揭贷款数据。据市场反映，金管局与银行界初步已得共识，“按揭正面信贷数据库”将于2011年初推出，当中会显示按揭申请人所拥有之按揭贷款，让银行或金融机构有更多参考数据，决定应否再批出贷款予申请人。

“按揭正面信贷数据库”日后内容愈趋丰富时，定会为银行及金融机构提供足够数据，分析个别申请人之按揭贷款风险，长远有利业界发展按揭业务。但由于各大小银行有自身之业务顾虑，未必容易就“按揭正面信贷数据库”之内容，取得共识。例如“一按”加“二按”会否当作两个按揭贷款？按揭担保人及以空壳公司名义申请按揭贷款者，又应如何作出记录？按揭年期、利率及每月供款在数据库内之记录方式等等，仍有待业界进一步商讨，谋求共识。

根据香港银行公会反映，该会已联同存款公司公会，香港持牌放债人公会及香港信贷机构联会有限公司，派出代表组成“信贷工作小组”，深入讨论及考虑有关日后“按揭正面信贷数据库”之推出及长远发展，务求帮助业界在未来为个别客户批出按揭贷款时，更能掌握相关风险。

11.3.3 按揭批核将变得更严谨

长远而言，当“按揭正面信贷数据库”全面落实给业界使用时，由于银行及金融机构掌握了更多的客户之按揭资料，日后批出之按揭贷款定会更为审慎；而监管机构要求业界，调校批出按揭贷款严谨程度之相关指引，相对目前亦较易制定与执行。届时，信贷条件较优之按揭申请人，定会因为业界争相向他们放出按揭贷款，更容易在市场取得多些按揭息率及条款之优惠；至于因拥有太多按揭贷款而导致信贷条件较差者，未必容易在市场取得新按揭贷款，又或要面对较高之按揭利率及严谨条款或罚则。这正反映按揭贷款市场逐步迈向“风险与利率价格挂钩”（Risk Pricing）之现象。

第12章　强制拍卖门槛由九成降至八成的影响

2010年8月中旬，地产代理监管局（下简称地监局），就最近收到关于地产代理在收购旧楼单位作为重建用途时的不当行为的投诉后，发出通告及载列地监局对从业员从事有关活动时应遵循的适当行为及措施的指引。原名为《土地（为重新发展而强制售卖）（指明较低百分比）公告》的强拍条例，将三类楼宇的强拍门坎由九成降至八成，包括：（1）楼龄超过50年的商住楼宇；（2）位于非工业地段而楼龄超过30年的工业大厦；以及（3）每一个业权都占整幢大厦业权超过10%的物业，以加快私人旧区重建，并于2010年4月1日起生效。根据第一及第三项条款，大业主只需要取得八成业权便可强制进行拍卖。

社会上不同的持份者均对此条例持不同意见。其中有反对条例的议员炮轰政府降低强拍门槛，是协助发展商“强抢民产”。另一方面，亦有人支持将强制拍卖门坎由九成业权降至八成，认为此举会令发展商收购风险降低，进而加强收购意欲，令小业主能改善居住环境，令更多旧楼小业主受惠。至于强制拍卖门槛由九成降至八成的影响将会于本文探讨。

12.1 条例加快旧楼重建　有助改善市民居住环境

香港中原测量师行有限公司 估价部董事　张竞达

在条例通过之前，由于一般旧式楼宇（如唐楼）层数不多，单位亦相对较少，财团在收购时，如缺少一户同意通常都令收购不足九成，故会遇上不少困难。通常差一户不卖的业主多是商铺东主或钉子户，他们往往开天杀价，或在签约时反口不卖等等，令收购过程通常需时。其实在不少个案当中，大多数的小业主均希望其单位能被收购，用赔偿的金钱于同区置业，改善其生活环境及质素；但是，往往持有地下层数的商户均希望能保留原有铺位，加上他们所持的业权较多，一般超过10%，没有他们的合作，往往难以申请强拍。因其有较大之议价能力，故经常在强拍过程中开出一个比市价高的价钱，令市区重建进度停滞不前。

例如在希云街42号地段的收购过程中，楼上的居民声称一直强忍恶劣的居住环境多年，极希望发展商收购业权将大厦重建，但在地铺经营酱油园的业主坚持不将铺位出售，令强拍不能被申请。但自从强拍条例降至八成落实后，店主可能为免铺位遭强拍时收得之金钱较少，已将持有的的铺位以2千逾万于五月售予发展商，使重建可以顺利展开。现时有不少旧楼个案亦与此例子相似，相信会陆续受惠于强拍门槛放宽而得以通过。根据土地审裁署资料，2010年初到现时为止，已录得最少九宗旧楼强拍个案，比2009年同期增长。加上不少财团已经于单一项目集合八成以上的业权份数，相信亦会尽快向法院申请，令申请个案急速增加。

其中有反对的意见表示，小业主的议价能力，尤其是地铺业主会因此而减少。但其实在现有机制下，小业主的保障仍是有的。因为在法庭上，法官会考虑测量师提供之估价报告，为楼宇作出准确而合理之估值，故小业主亦应聘请专业人士以确保自己的利益；另一方面，现行之拍卖机制亦是将大业主及小业主的业权同时拍卖，透过拍卖机制，小业主并不会因为强拍门槛降低而要将资产贱卖。再者，若果发展商已集得八成以上之业权，已能显示楼宇内绝大多数业主已支持把物业重建，符合楼宇内大多数业主的意愿，故此亦能体现少数服从多数的精神。

总结而言，强制拍卖门槛由九成业权降至八成，必定会令强拍个案增加，这亦能加快市区重建的进度。而就财团而言，他们的收购过程会更加顺利；而于一般小市民而言，加快旧楼重建，既可消除危旧楼宇安全问题，亦可改善市民居住环境。故此，政府只要消除小业主可能会被发展商借机压价的疑虑，社会大众就会明白，此政策只会对社会带来较多正面影响而已。

12.2 条例考虑不周　收楼公司缺乏约束

香港中原测量师行有限公司董事总经理　黎坚辉

地产市道畅旺，发展商销售新楼盘迅速，自然地需要及时补给，增加土地储备。通常地，发展商都喜欢透过政府拍卖或招标，竞投土地以作日后发展之用，最主要原因是不用涉及拆迁和赔偿，即买即可以展开工程。所以，竞投土地往往吸引众多发展商到场参与，竞投价此起彼落，最终成交价经常比开价高四至六成左右。而且财力雄厚的大型发展商亦不管地皮较细而积极进取，令一众中小型发展商望地兴叹。自从2010年4月1日开始，旧楼收购强拍门槛由九成降至八成，令他们再见曙光。

众多发展商开始转移战线至市区旧楼收购。过往发展商都采用“唱慢板”方式低调进行逐一收购，旨在以最平价购入，降低重建发展成本。近年有些专门收楼公司冒起，令市区旧楼拼购市场出现变化。由于市区旧楼位置及周边配套都比较成熟，而且发展潜力尚未用尽，故此将来重建定会带来可观利润。发展商亦都知道要完成市区旧搂拼购殊不容易，而且又不想在事成前曝光，所以都趋向与这些收楼公司合作。

由于有雄厚财力的发展商背后支持，收楼公司更加积极地在市区里寻宝。有时为求达到目的，部分收楼公司不良手法层出不穷。例如：开高价收购单位，并先付数千港元作“诚意金”，游说业主签署不设时限及只容买家单方面取消的买卖合约，变相将业主单位无限期“死锁”业权，不能转卖给其他人套现。另外，收楼公司职员不断分化业主及恫吓老弱，更威迫利诱部分已签的业主，游说其他未允出售的业主们就范；而且更在大厦大堂张贴通告及外墙挂上横额，吹嘘已成功收购达标等误导讯息，以图令业主软化。收楼公司的手法愈来愈恶劣，令基层业主们饱受欺凌。此次地监局发出的新指引，只针对地产代理操作，而对一些以发展商自居的收楼公司，其员工进行相关活动时，新指引对此却缺乏约束。

其实旧楼拼售并非坏事，在乎大多数同厦业主的意愿，以及在出售的过程中，议价的透明度和提供给每位业主的讯息是否足够及无误等。业主们需要的是团结。如有意向联合业权出售的话，应自行聘请测量师、律师及地产代理，为自己的物业出售提供客观及专业性的意见；切勿只采用收楼公司或买家所提供的律师等免费专业服务，以致因小失大。地产代理若从事与收购旧楼单位有关活动时，亦应须遵守新指引及相关的操守守则，令需要帮助的旧楼单位业主求救有门。

12.3 小业主联合出售集体业权三案例

收购旧楼重建为近年发展新趋势，因本港可发展之优质地段难求，合并重建计划既可帮助旧楼业主提升居住质素，亦可提供更多优质土地用于发展，达至双赢局面。

◆ 松苑

位于新界屯门青山公路青山湾段118及118A号之低密度住宅“松苑”，位处珍贵地段。前临咖啡湾，享海天一色美景，瞬间直达香港黄金海岸度假胜地，且毗邻未来英国贵族学校哈罗国际学校之香港分校。惟屋苑楼龄已达50年，小业主因见地方残旧，故提出联合业权出售物业，希望沽出单位后或可购入同区较新的物业，改善居住质素。

早于2007年，小业主已开始集合业权，准备招标。但因当年需要合并九成或以上业权才可申请强拍，而屋苑其中一名拥有三个单位的业主反对出售，所占业权一成八，令计划最终搁置。但2009年4月，旧楼强拍门槛由九成降至八成，松苑小业主则可卷土重来，重新安排联权出售物业。业主最后集合逾八成业权，并委托中原地产招标出售，意向价2.7亿港元。

◆ 礼信大厦

另一个受惠强拍新例的例子为港岛铜锣湾“礼信大厦”。该物业位于礼顿道106–126号，为楼高13层的商住物业，包括120个住宅单位及28个地铺。该位置属港岛区珍贵地段，物业靠近铜锣湾商业中心，亦邻近礼顿山豪宅区，举步即达港铁、巴士及小巴站，交通配套极为完善，加上地皮方正完整，极具发展潜力。若该地皮兴建全住宅，其最高地积比[①]为10倍，最大可建楼面为101730平方呎；若作商住用途，最高地积比即升至11.33倍；若改建为全商业或酒店用途，最高地积比即达15倍。于6月底，该项目透过中原地产联权招标出售，以100%业权计算，意向价为18亿港元。

“礼信大厦”全座物业业权份数共400份，住宅每户占3份，商铺每户占1至2份不等，参与联合招标的业权为343份，即占总业权的85.75%。余下未参与联权招标的有12伙住宅单位及14个商铺，原因包括业权尚未完整或因价钱不合。因“礼信大厦”楼龄达52年，符合新修订之强拍条件，收购门槛可由九成降低八成。地契条款显示除厌恶性行业不可外，基本上无任何发展限制。因该地皮位置十分理想，且没有高度限制，亦无需补地价，可塑性甚高，故截标前已接获逾30个发展商及财团查询，反应非常热烈。

◆ 南里

事实上，合并出售业权越来越普遍。于2010年初，中原（工商铺）商铺部亦获“南里”业主委托以联合招标形式出售物业。位于港岛区西环的“南里”4至14号共有49伙，物业楼高7层，包括地库、地下、1楼至5楼，当中35伙为住宅，14伙为商铺。最终47伙小业主同意参与合并出售物业，占总业权逾95%。

“南里”4至14号地盘面积约5029平方呎，规划作“住宅（甲类）”用途（即高密度发展）。若该地盘用作住宅用途发展，最大地积比率为8倍；若以全部非住用用途发展，最大地积比率则为15倍。参考邻近新盘“宝雅山”及“缙城峰”的开售价格，以实用面积计，部分单位成交呎价逾1.5万港元。倘若上述“南里”物业以商住用途重建，以最大地积比率9.26倍计，可建总楼面约46570平方呎，即每平方呎地价约5000港元，加上建筑成本每平方呎约2000港元，若落成后参照同区其他新盘呎价开售，物业增值潜力定必相当优秀。且该物业地契属现时本港少数的999年期约，由于旧契发展限制少，地盘可塑性高，因此深具重建价值。

因此不少发展商及财团对此物业颇感兴建，入标反应热烈，大部分出价亦贴近业主意向。最终由中资企业成功击败其他对手投得物业，作价约2.28亿港元。

① 地积比，即容积率。

第13章　来港投资及移民潮起　香港豪宅备受青睐

随着国内经济高速发展，人民币持续升值，国内富豪涌现，他们在购买国内房地产之同时，亦将眼光放远至香港。香港与国内生活相近，语言相通，自中央开放国内居民自由行后，国内同胞也不时来港消费，深深体会香港的安定繁荣及健全的教育医疗制度。随着香港政府推出投资移民计划，更吸引不少国内富豪来港置业。他们一般钟情香港的豪宅，由山顶南区大宅至九龙机铁站上盖的新晋豪宅，都成为这批国内富豪的宠儿。在人民币不断升值下，国内客户购买香港物业更划算，一间价值港币1000万的香港物业，现在以人民币860万就可以购买了，接近打了一个85折优惠价。香港物业变得更为吸引，因此不少国内客户亦趁机来港购买优质物业。

13.1 内地买家豪宅成交宗数上升

香港中原地产项目发展及投资部高级经理　林悦丰

自2009年中香港楼市逐渐走出金融海啸的阴霾后，交投持续畅旺。除本地买家及海外投资者积极吸纳优质物业外，近年开始涉足香港房地产的国内买家亦加紧步伐来港入市，促使香港的楼市交投更为活跃。最特别的是不少新盘及豪宅市场都出现大比例的国内客户足迹，与以往购买邻近内地的地区物业不同，这批国内客户集中购买市区的新建豪宅及高端物业，为香港楼市带来推动力。

以往内地富豪较喜欢购入香港传统豪宅区的物业，山顶南区及中半山豪宅都是他们的心头好，然而近几年情况开始转变。虽然不时仍有山顶的罕有大宅被内地富豪吸纳，但更多的是大批国内买家购入市区的新盘物业。2010年开售的多个市区新盘，国内客的入市比例更高达两至三成，在新盘售楼处随时可听到多人以普通话沟通。以“名城”、“帝峰皇殿”及“南湾”三个新盘为例，根据发展商公布的数字，国内买家的入市比例均高达三成。

根据香港香港中原地产研究部的资料，2010年上半年登记豪宅新盘（价值1200万港元以上）的内地个人买家，所占整体金额比例达35.7%，所占整体宗数比例则达35.1%。反观新盘中小型住宅（价值1200万港元以下）的内地个人买家，所占整体金额及宗数比例则各占15.5及13.2%。虽然此数字均创出有记录以来的新高，但很明显反映内地买家更为活跃于香港的新盘豪宅市场。

随着国内楼市在调控下较为淡静，国内买家亦逐渐将资金投放在香港地产市场上。世界闻名的温州炒楼团也悄然来港买楼，其他地区的富豪也相继购入香港的优质物业，国内大企业的老板及高管人员买入大宅的新闻也时有所闻。可以预期未来几年香港的豪宅新盘也会备受国内买家的垂青，而此类物业造价也将拾级而上。

13.2 西九龙成内地买家热衷区域

中原豪宅STATELYHOME九龙站联席董事　李沛章
香港中原地产奥运站助理营业董事　蔡日基

九龙站是近年新兴的豪宅区，亦是国内买家热衷置业的地区之一。九龙站有别于传统豪宅区，国内买家之所以热捧该区物业，主要是考虑其四通八达的优越位置及新晋豪宅物业质素。九龙站设有机铁站及过境巴士总站，来往香港机场或深圳的交通便捷，而未来广深港高速铁路总站及西九龙文化区均设于此区，未来发展前景优厚。因而该区的新盘及二手市场均备受追捧，深受国内买家的喜爱。

据中原成交数据分析，现时九龙站的上盖物业，包括“君临天下”、“天玺”、“凯旋门”及“擎天半岛”等，超过四成单位均为内地买家所持有。虽然他们资金丰厚，惟只有少部份会一次付清楼价全数，大部分内地买家均会选择五至七成的按揭贷款。

西九龙物业受内地买家青睐主要原因有三。一是，不少九龙站新盘在推售前均会到内地作软销，使九龙站成为内地客人心目中的地标，因而区内交投自然节节上升。二是，九龙站先天地理位置优越，坐拥百亿基建，未来广深港高速铁路启用，大幅节省内地人来往内地和香港两地的时间。其实，高铁早已贯通中国多个省市，大部分内地人早已亲身体验高铁之便；而西九龙站是香港唯一一个的高铁站，亦是广深港高速铁路最后一个落成的站，完善的铁路网络直接加强两地互动。除了拥有完善的铁路网络外，还有耗资逾200亿港元的西九文化区，数以百亿港元计的基建是吸引内地买家的重要因素之一，让他们感受豪宅群的气派。三是，由于内地买家多来自内陆地区，因此十分钟爱海景单位，而九龙站物业正可享有维港迷人海景，故吸引内地买家进驻。

种种诱因促使内地人来港置业，而西九龙区真正具备种种优质条件，能协助内地客人在资产增值之外，更进一步满足及提升内地客人的生活质素，因而西九龙特别受内地买家欢迎。

13.3 内地买家青睐香港物业的五项主因

中原豪宅山顶南区董事兼大中华高端物业香港办公室总经理　何兆棠

据中原成交客户访谈信息，内地买家近年钟情进驻本港豪宅，主要原因有五点。

其一，青睐香港较自由的市场氛围和良好的投资环境。国内推出不少政策，打击内地囤积土地或物业炒卖活动。买卖物业之税收及规管均较严厉，令置房者却步，因而转移香港市场。

其二，人民币升值加剧，港元则跟随美元疲弱，无疑亦增加了内地客购置本港房产之能力，有利内地客来港置房。

其三，内地买家欣赏香港是一个法治社会，拥有完善的教育配套、医疗设施及服务，来港定居是内地买家的理想生活图景。他们来港置业，一方面可以为子女创造良好的学习环境和更佳的升学前景，另一方面可以筹备家人及自己的未来生活。现时奥运站约有两成物业均为内地买家所持有，而区内1000万港元单位的内地买家约占三成半。他们大部分都是内地中产人士，钟情奥运站各项齐备的小区配套，如商场、街市及食肆等，令他们更容易融入香港生活。其实，奥运站早已建立了自己的小区品牌。已定居奥运站的内地人会不断介绍国内朋友购买区内物业，继而变成一群邻里，一起活在奥运站，互相扶持，邻里关系和谐兼密切。

其四，香港物业的质量及配套服务也成为内地客进驻本港物业的主要考虑因素。事实上，香港各大发展商打造之豪宅物业，一向以质量见称。内地客对本港豪宅尽管非熟悉透彻，但单看发展商品牌已得到信心的保证。内地客来港选购豪宅，均希望购入著名品牌、用料优质之高端物业，加上香港物业管理公司提供之服务极为优胜，故深得内地客之垂青。

其五，港陆之间日益完善的交通网络亦是内地客进驻本港物业市场的考虑因素之一。随着落马州支线、港深机铁、广深港高铁、港珠澳大桥等大型基建项目发展，内地和香港融合更进一步。现时内地和香港往来交通便捷，内地客来港置业更见优势。

13.4 来港投资定居者分析

中原移民顾问（香港）有限公司总经理 许戴维

近年来投资移民潮成为内地客来港购置物业的诱因之一，来港移民者呈逐年递增之势，其规模不容小觑，或将为本港经济及社会发展作出更大贡献。

13.4.1 来港投资定居者近两年增长迅猛

“香港资本投资者入境计划”（简称投资定居）始于2003年。当时香港因受到非典型肺炎爆发的影响，经济一度跌至谷底。政府为了刺激香港经济，推出了投资定居计划，此计划目的是希望引进资金投资香港两大经济支柱，即房地产及金融市场。同年中央政府亦允许了开放内地市民以个人身份到香港旅游，俗称自由行，鼓励内地居民来港旅游消费，带动香港的旅游及零售业务。

这两项计划推出初期，自由行的经济效应远较投资定居明显，成功吸引了大量内地居民来港消费，推动了香港多个行业，直接刺激香港经济复苏。相反，当时投资定居反应只属一般，申请人数偏低，未能真正地为两大产业带来很大的推动力。当时很多评论都认为反应不佳的原因是申请门槛过高。

由于自由行的不断优化，令更多的省市居民都能来港，其带来的经济效益亦日益增加。如尖沙咀2009年诞生的全港单价铺王，即与此相关。自由行所带来的经济影响，一直受到香港媒体广泛报道，但踏入这两三年，媒体的视线亦开始关注投资定居计划所带来的影响，可以说这头沉睡的狮子终于睡醒了。

按笔者所见，2007年下半年度是投资定居的一个转折点。其中一个决定性因素，是澳门政府宣布暂停投资定居计划，有关刚性需求转移至香港，所以香港投资定居的申请数量明显增加。2003年至2007年的上半年度，累计申请大约有2400多宗，但2007年下半年已有1200多宗申请，反映申请势头明显转势。再者，加上人民币进入升值周期，及国内财富累积效应的利好因素影响下，申请门槛对大部分有兴趣人士来说已是较容易接受，故此2008年的申请增幅已达40%，2009年的增幅亦达20%，申请数字每年均创新高。

图13-1 香港历年来申请投资定居者宗数及升跌变化率（2003～2009年）

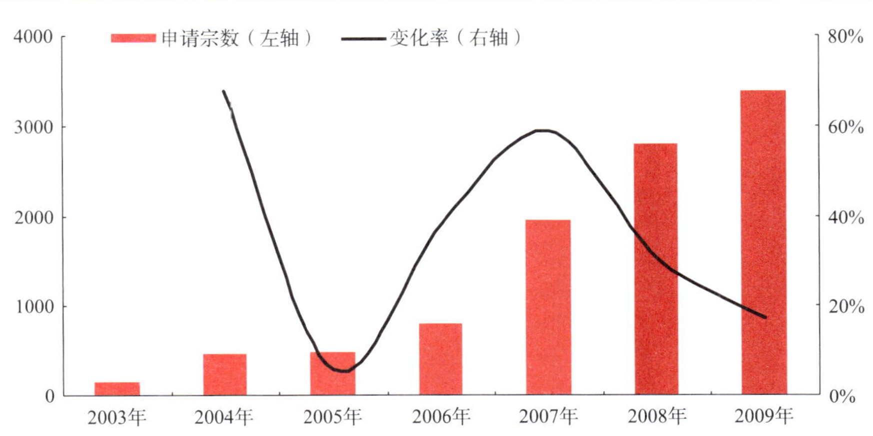

数据来源：香港中原移民顾问有限公司。

13.4.2 投资定居对港贡献不容小觑

投资定居计划要求申请者，投资不少于港币650万港元于香港的房产或指定金额产品。由于这几年申请数字大幅上升，故此为香港引来大量资金。直至2010年6月底，此计划已成功引入超过港币528亿港元（按已取得正式批准计算）投资香港，其中投资房地产占了167亿港元（31.6%），而金融类产品占了361亿港元（68.4%）。

根据已投入的金额比例来分析，金融界的受惠最为明显，超过6成的申请人士投资在金融产品。其中港股类最受欢迎，这是由于普遍申请人士认为，股票的操控性较强及熟悉程度高。而所有申请人士极大机会需要使用金融界其他的服务，如开设银行账户或楼宇按揭等，故此计划对金融界所带来的商机是非常之巨大。笔者所见，近年金融机构都积极开拓在此范畴的相关配套服务，因为在业界眼中此计划的申请人士，均属于经济实力较强的贵宾客，需要专人提供更贴身的服务，间接地亦创造更多就业机会。

在地产方面，投资定居的部分申请人士在港就是有居住需要，而此批人士在购房方面，普遍倾向全新房或楼龄在5年内的二手房，地段方便小孩读书或往返内地和香港，景观特佳及较大户型面积等要求。能满足以上的要求都是一些较优质的物业，故此总楼价动辄在一千余万港元以上，直接为香港豪宅市场带来一股新的力量。香港的发展商多了一批新客户群，地产代理界亦直接受惠。单单按167亿的房产投资金额，就最少衍生了几亿的代理佣金生意。所以地产代理亦配合投资定居的顾问服务，务求满足申请人士一条龙服务的需求。

申请人士将来在港定居除了住的需求外，自然离不开衣、食及行的需要，因此该计划必将带动香港整体经济发展，而不是单一界别受益。

13.4.3 投资定居受欢迎的原因

首先是申请简便。申请人没有职业、岗位、学历及语言能力的特定要求，申请人只需提供资产证明档（包括国内所有个人名下的净资产）而不需要追溯其资产来源。

其次是投资弹性高。申请人虽然要在港投资不少于港币650万港元，但此计划给了极大自主权给申请人。申请人可自由选择投资在房地产、股票及指定金融产品，而有关投资组合亦可根据自己需要作出改变。值得注意是，如申请人所投资的资产市值跌低于港币650万或完全亏损，申请人亦无须再投入资金填补相关差额。

再次是生育自由和子女前途。香港一直是内地人士喜爱产子的地方。按入境处资料，2009年在港出生的婴孩有8万多，其中近半为内地人士所生。而申请投资定居的部分人士，就因为看中了在港生育没有任何限制，再者申请者的配偶亦可来港，方便将来安排子女在港读书及生活事宜。香港贵为国际都会，中西文化汇集，因此很多申请人士希望透过此计划安排子女在港读书以增加子女国际视野、英语沟通能力及为将来去海外读书作热身准备。

最后，香港税制简单。无论是个人、物业及公司税率可算是在世界上最低城市之列，加上已取消遗产税，绝对吸引申请人。另外一批早期已移居海外人士，因看好未来中国经济发展，亦希望借投资定居香港方便将来进出国内处理业务，或安排其子女来港适应内地和香港文化，为日后接手国内业务铺路。

第14章　澳门投资机会可期

中原（澳门）董事总经理　潘志明
中原（澳门）住宅部高级区域营业董事　石宝德

随着澳门回归十周年，新特首上任，中央政府落实多项大型基建项目，如港珠澳大桥和横琴新区项目等，国际市场的焦点又再重投澳门。这些基建除了造就大量就业职位外，还为澳门带来难以估计的经济效益，更把香港、珠海和澳门连成一小时生活圈，与国际交通网络接轨。这些利好因素将为澳门的楼市也带来更多的投资机会。

14.1 大型基建推动澳门经济高速发展

自赌权开放及自由行政策出台后，澳门经济不断高速增长。为抓紧经济发展的机遇，特区政府大力推动各项大型基建。2010年，澳门经济从金融海啸中恢复过来，特区政府便积极加紧基建步伐，当中除了澳门本土的基建项目，还包括跨区域合作的大型基建工程，满足社会发展的需要之余，更致力加快澳门与周边地区的融合，加速澳门迈向国际的步伐。

澳门大型基建概况表　　表14–1

类别	项目	规模	简介
对外交通	港珠澳大桥	工程造价超过720亿澳元	世界最长的跨海大桥，连接香港、澳门及珠海，是继青藏铁路、三峡大坝后，本世纪中国建筑史上又一伟大工程。工程于2009年12月开始动工，最快可于2015年通车。大桥落成后，不但可完善国家高速公路网络，密切珠江两岸联系，更可促进粤港澳经济一体化，提升珠三角地区整体竞争力，对保持香港及澳门的长期繁荣稳定产生积极的影响。
	氹仔新码头扩建	建筑面积20万m^2	2010年第二季开始动工的氹仔新码头主体工程扩建，相信是2010年内可以上马的最大型的政府基建工程之一，预计三年内完工并投入运行。工程调整了原有的设计，由原来的辅助性质码头提升至本澳对外的重要海上口岸。码头建成后，建400人客轮的泊位将由原来的8个增加至16个，并建造3个1200人大型客轮泊位及1个位直升机坪，出入境验证大堂的面积更加是现时外港码头的3至4倍，并设有88条出入境通道及40条自助过关通道。
对内交通	轻轨	—	近年，为解决澳门日益严峻的交通问题，及改善因交通而造成的环境污染，澳门政府推出轻轨方案。方案早于2003年首次推出予公众咨询，经过多年的咨询及条改，终定于2011年首季动工。工程分阶段进行，完成后，铁路将贯穿全澳，为市民提供快捷便利的公交服务之余，也为日渐繁忙的道路网络舒压。
城区规划	新城填海区	填海面积350hm^2	澳门特区土地资源贫乏，为满足社会发展对土地资源的需求，国务院于2009年12月批准澳门特别行政区填海建设新城区，填海新区共分为五区。为提升居民综合生活素质，完善交通基建设施，扩大城市生活空间，新城填海区的发展将以民生设施为优先，预留土地兴建公屋、绿地、道路、公用设施等民生所需，以配合澳门未来的发展。
	路氹金光大道五、六期工程	120万平方呎的综合体	受2007年金融海啸影响而停工的路氹金光大道五、六期工程，于2010年5月正式复工。项目预计于2011年第三季开幕，项目竣工后，估计将为路氹金光大道及澳门旅游业市场提供额外6000个酒店房间、占地120万平方呎的购物、娱乐及餐饮设施、会议展览设施及多功能剧院，为澳门增添更多澳元化的消闲及商务旅游产品。除此之外，估计综合度假村项目透过本地采购服务及产品，包括餐饮、酒店供应用品、公用事业及交通服务等，能为本地经济带来数以十亿计的收益，并促进澳门发展成一个国际旅游胜地。
	路环石排湾绿色生活小区	30万m^2	特区政府推出路环石排湾都市化规划方案，计划将路环石矿场一带打造成6万人口居住的绿色生活小区，以低密度住宅小区设计，同时预留兴建公屋用地。为配合路环定位及提高居住质素，建筑物高度将限制在海拔90米以下，并配备大量绿化及一系列配套社会服务和生活设施、公交系统配套等，构建一个舒适、方便和环保生态的生活小区。其中，公屋项目于2010年8月已率先启动，预计整个石排湾公屋项目将于2012年完成，届时提供6800个公屋单位，缓和澳门庞大的住屋需求。

续表

类别	项目	规模	简介
城区规划	横琴新区	—	位于珠海的横琴新区，自2009年6月经中央通过《横琴总体发展规划》后，便陆续推出各项发展政策。其中，最瞩目的四大项目有：长隆国际海洋度假区、横琴新区市政基础设施建设项目、横琴多联供燃气能源站及十字门中央商务区。另外，珠海政府于横琴新区拨地支持澳门大学兴建新校址。横琴新区的发展定位为粤港澳紧密合作新载体以及维护港澳长期繁荣稳定的新平台，澳门特区政府将利用横琴大开发的契机，促进及强化双方在各方面的合作，透过粤澳合作的形式参与开发横琴新区，朝着区域融合、同城化发展的方向迈进。
	离岛医院	填海面积5万m^2	随着澳门人口急速增长，对医疗设施的需求也不断增加，为应付澳门居民庞大的医疗需求，澳门特区政府落实在路凼连贯公路石排湾水库侧，填土兴建“离岛医疗卫生综合设施”，包括急症、综合以及康复医院，同时将增设医护人员培训基地，政府现有部分卫生服务亦整合至综合设施内。首阶段将耗资约4亿澳门澳元兴建急症医院，预计2011年底施工，争取今届政府任期内(即2014年)落成。

资料来源：中原（澳门）市场部。

14.2 资助置业政策促进澳门楼市复苏

2008年全球金融海啸爆发，澳门楼市受拖累下挫，特区政府在2008年7月迅速推出《自置居所贷款利息补贴制度》及《自置居所信用担保计划》(简称“四厘补贴”及“信用担保”)，目的是帮助市民在逆市中置业，进而推动澳门楼市走出低谷。

“四厘补贴”计划由2009年6月29日起接受申请，至2010年6月28日截止，共收到4916宗申请；而“信用担保”计划则截至2010年2月10日便已收到2642宗申请，达到限额宗数。政策自2009年6月底开始生效，然而5月份住宅交投便已受消息刺激攀升，成交宗数增加至1168宗，比4月份的885宗大幅上升约32%。其后，成交量逐渐增加，2010年交投量已回复至2008年高峰时期水平。

另外，特区政府于2007年的施政报告中还推出数项税务优惠以助楼市复苏。其中包括：首次置业的澳门市民，购买300万以下的物业，可以免除印花税；豁免所有非出租房屋的房屋税，出租房屋则获半数减免等。2010年，特区政府再次推出新的税务优惠措施，包括：设立3500澳元房屋税扣减额；免收低于100澳元之地租及租金，政策推出后，楼市稳步复苏。

图14-1　澳门按印花税之楼宇买卖宗数统计(2008年1月～2010年6月)

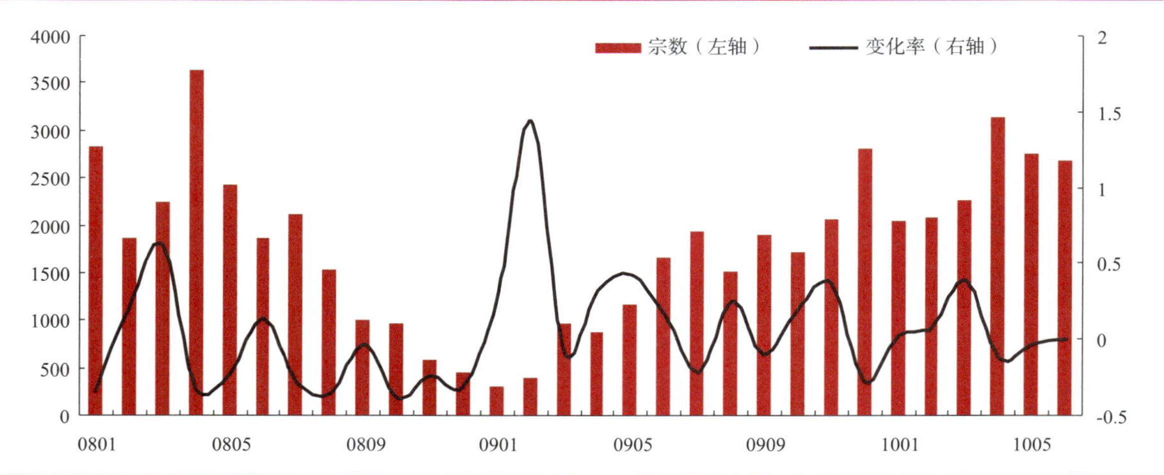

数据来源：澳门统计暨普查局。

14.3 楼价洼地有望吸引内地买家增长

自2008年金融海啸开始，世界各地有很多资产的价格都大幅下调，而澳门因为基数较低，物业价格多处于呎价2000～3000澳元成本价水平，所以受金融海啸的影响相对较少。故当时中、港、澳三地之中，唯有澳门政府无须出手救市，只曾推出“四厘补贴”及“信用担保”措施，协助首次置业人士买楼，形成一连串的换楼连锁效应。2009年成交的买家中，占了逾九成半是澳门本地居民，内地买家数量很少，也与当时澳门政府限制投资置业移民相关。对比香港宽松的移民政策，内地有实力的投资者会把资金放在国内换楼或到香港投资。

从统计局数字反映，2009年全年成交的买家数目共有17153人次，中国内地的买家占213人次，为1.24%；而2010年第一季成交的买家数目共有6545人次，中国内地买家占50人次，为0.76%。数据反映在过去一年多，内地资金在澳门购买房地产的情况并不活跃，详见表14-2。

澳门房屋买卖双方居住地统计（2009～2010年第一季度） **表14-2**

时间			居住地						
			澳门	中国内地	香港	葡萄牙	中国台湾	其他	总数
买方	2009年	第1季	1590	45	32	—	2	123	1792
		第2季	4112	62	56	—	—	45	4275
		第3季	4957	43	62	1	—	22	5085
		第4季	5854	63	58	—	—	26	6001
		合计	16513	213	208	1	2	216	17153
	2010年	第1季	6405	50	87	1	2	—	6545
卖方	2009年	第1季	1554	26	79	—	1	6	1666
		第2季	3703	71	193	—	5	39	4011
		第3季	4552	89	298	2	24	67	5032
		第4季	5413	96	281	1	13	56	5860
		合计	15222	282	851	3	43	168	16569
	2010年	第1季	5793	72	270	—	4	35	6174

资料来源：澳门统计暨普查局。

然而澳门经济前景秀丽，GDP屡创新高，游客量不断上升；加上2010年4月份开始，中央政府为了国内楼市稳定健康发展，推出了一些抑压炒风的措施，冷却了国内投资气氛，市场热钱转而流向香港和澳门的房地产市场。继而香港成交量和成交价持续攀升，每个一手盘发售都大收旺场；及后，香港政府也先后推出多项措施抑压炒风，包括规管银行降低借贷比例，一手楼确认人转售限制和增加取消交易成本等等。港澳两地物业价格差距，多项抑压楼市炒风的安排，势令市场热钱流向前景亮丽的澳门。

Photo by: Hu wenkit 胡文杰 (www.pdoing.com)

Data
数据

港 澳 | GANGAO

香港房屋政策及市场

澳门公屋及典型居屋简介

第 15 章　香港房屋政策及市场

15.1 经济与人口

图 15-1　香港历年 GDP 与人均 GDP（1997～2009 年）

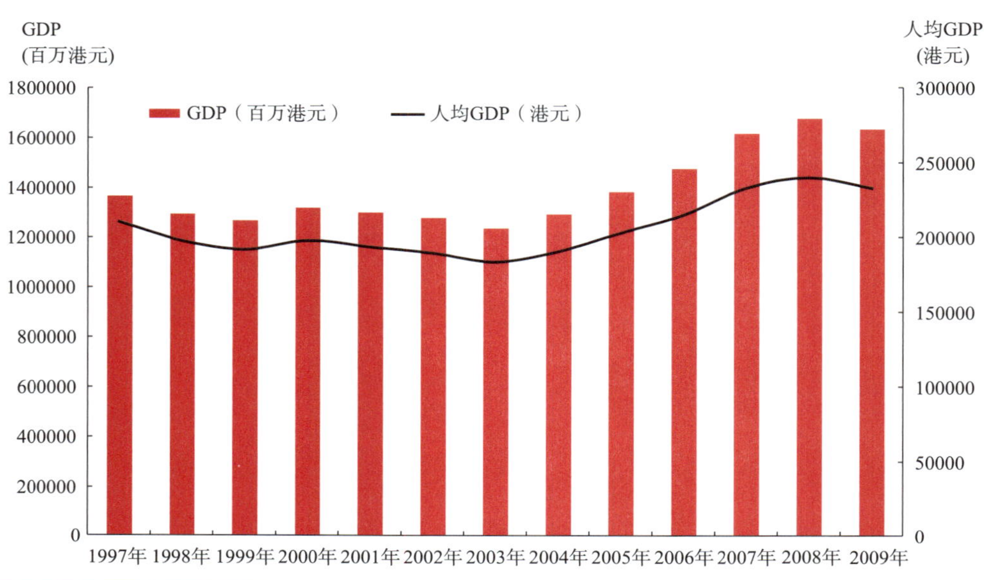

数据来源：政府统计处，香港中原地产研究部。

图 15-2　香港历年人口与家庭住户数目（1997～2009 年）

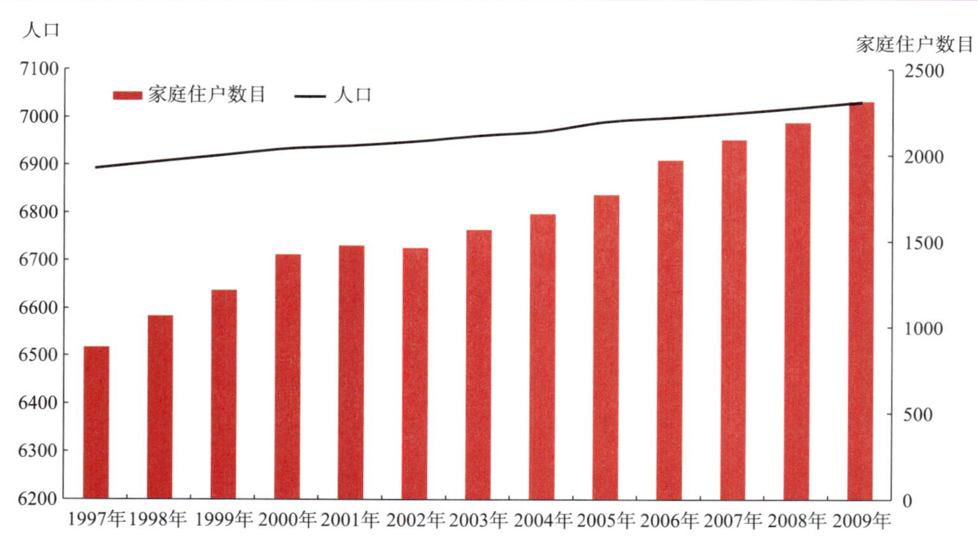

注：2009 年人口为临时数字。
数据来源：政府统计处，香港中原地产研究部。

图 15-3 香港历年自置居所住户比例与家庭住户平均人数（1997～2009年）

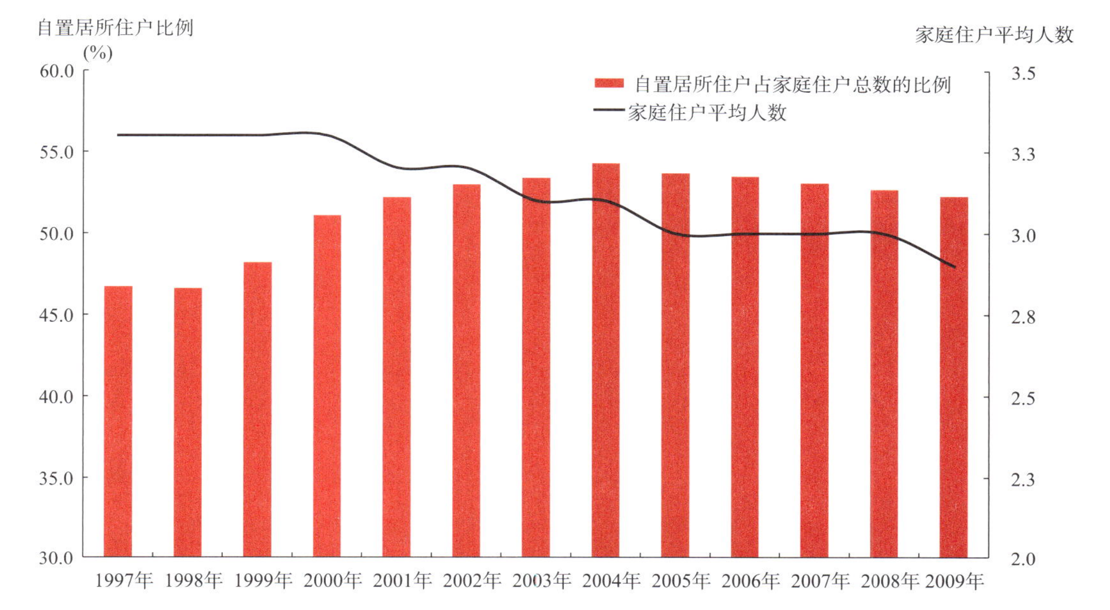

数据来源：政府统计处，香港中原地产研究部。

15.2 香港房屋政策

香港近期楼市调控措施（2009年11月～2010年8月） 表15-1

出台时间	政策主要内容
2009年11月	地产建设商会推出楼书新指引，包括模拟广告图须与售楼书分开，书中要列出附近设施，及提供中文版本大厦公契
2009年12月	发展商被揭成交资料透明度不足，有见及此，政府推出3项监管楼花销售指引： ■ 签临时约后5个工作天内要公布有关成交 ■ 价单必须列出“实用面积呎价” ■ 楼书首部分的“基本数据”要列明楼层编号数据
2010年2月	预案中提出会进一步监管楼花销售，增加卖楼透明度；拟规定楼盘示范单位须与实物相符，杜绝“偷位”事件
	就发水楼事件，发展局局长林郑月娥表示已在研究收紧发水楼的新政策措施 ■ 2000万元以上楼宇买卖厘印 由3.75%升至4.25%，不得延期缴交 ■ 六幅官地未能勾出可主动拍卖招标 ■ 前元朗村官地指定兴建中小型住宅 ■ 活化居屋二手市场
2010年3月	运输及房屋局局长郑汝桦亲自巡视示范单位，并指会研究加强对示范单位的规管
	尽推居屋(4073伙)及夹心阶层房屋(838伙)的剩余货尾
2010年4月	税局追收确认人售楼利得税
	提高楼花销售透明度5招 ■ 由现时要求楼花项目，于签署临约后5个工作天内公布售出的单位详细数据，延续至该楼花项目落成，并取得满意纸后14天内，继续公布销售成绩 ■ 公布楼花项目中售予公司内部人士名单，包括执行董事 ■ 增加首批内购价单数目至不少于20伙 ■ 于所有广告内加入楼花项目之明确地址 ■ 示范单位内部间隔尺寸，须与获批出之图则相符

续表

<table>
<tr><th>出台时间</th><th>政策主要内容</th></tr>
<tr><td rowspan="4">2010年
4月</td><td>政府推3措施加强规管楼花示范单位防误导
■ 示范单位的装置及设备，不能让买家有错觉，空间感增加，以及示范单位提供的设备，与交楼时相符。
■ 楼花的宣传的资料，须列明正确的地区及位置。
■ 涉及发展商高层相连交易的数据，必须公布。</td></tr>
<tr><td>曾九招规管建议包括
■ 发展商需要将5日内成交
■ 公布五日内的成交资料时，要公开董事局成员及直系亲属的交易
■ 于示范单位内设有最少一个与交楼单位完全一致的单位
■ 小型发展项目的首批价单须包含最少30个，或三成可售单位
■ 大型发展项目的首批价单则需包含最少50个单位、或五成可售单位
■ 提供售楼书时间由目前单位于发售前24小时，提早至7日前
■ 在销售任何单位三日前须公布价单
■ 物业销售宣传单张需明确标明楼盘地点及座向
■ 发展商须将价单同步刊登于网站内</td></tr>
<tr><td>九招规管一手私人住宅物业销售
■ 发展商销售未建成及建成楼盘时均要遵守指引。
■ 发展商销售现楼时，必须在楼盘内提供实地参观单位。
■ 发展商公布五天内的成交数据时，必须同时披露涉及其董事局成员及直系亲属的交易，即包括执行董事、非执行董事和独立非执行董事，以及其父母、配偶和子女。
■ 示范单位必须提供最少一个间隔、装修用料及附送的设备，并完全与交楼标准一致；倘楼盘只设一个示范单位，必须为清水房，倘设有两个或以上，其中一个必须为清水房，而其余的已装修示范单位最少一个须为同类户型。
■ 首张价单必须包括更多单位，小型发展项目最少提供30个单位或可供销售的30%；而大型发展项目最少提供50个单位或可供销售的50%，两者以较高者为准。大型发展项目与小型发展项目以100个单位为分界。
■ 在开售前七天向公众提供售楼说明书，取代目前开售前24小时的制度。
■ 发展商出售任何数目的单位予任何人士，必须三天前公布价单。以往只要求首批单位在发售前24小时公布价单。
■ 任何宣传物品必须清楚交代楼盘坐落地点及地址数据。
■ 发展商要同步在网页内公布售楼说明书及所有价单。</td></tr>
<tr><td>十二式规管示范单位
■ 示范单位的面积尺寸必须与楼书中的面积尺寸一致。
■ 发展商须在示范单位当眼处标示单位平面图。
■ 示范单位须展示所有围绕实际单位的墙，包括外墙位置和真实厚度等。
■ 发展商最少须提供一个清水房单位，即一个可显示单位交付后状况的单位。
■ 如示范单位有改动，移动非结构墙和内墙等，发展商须以实线在地面上清晰标示其原有位置和厚度，亦在现场显示相关图例。
■ 单位内的窗台、冷气机房、露台和工作平台等，须在示范单位内展示，尺寸亦须与楼书和图则相同；露台亦须有围栏和护墙。
■ 示范单位须设有顶棚，高度须与真实单位一致，倘示范单位因场地等因素使其高度低于真实单位，须清楚标示实际高度，惟示范单位高度不能高于实际单位。
■ 必须装设大门，如果其他房间未能提供房门，亦须装设门框，倘因实际环境而未能提供门框，发展商须在地面以实线标示房门的位置和厚度。
■ 示范单位的建筑用料和设备须与买卖合约和楼书一致，如有所不同，则须使用与实际单位质素相若的材料，发展商亦要在示范单位张贴清晰告示说明有何不同。
■ 发展商须清楚列明示范单位内提供的物品（如电器），哪些将在示范单位出现而不会在实际单位内出现。
■ 发展商须向地产建设商会交付一份由认可人士签发的证书，证明示范单位外围周界和日后建成单位的外围周界完全相同，如准买家要求，地产建设商会须供其查阅。
■ 发展商必须容许示范单位参观人士在单位内度尺。</td></tr>
<tr><td>2010年
5月</td><td>市建局8辣招规管旗下楼盘销售措施
■ 所有单位只作公开发售，不可内部认购及预留单位。
■ 首批单位只售予以个人名义交易买家。
■ 同一楼盘内，任何买家不可买多于两个单位。
■ 每个楼盘售予公司名义的买家，不可超过楼盘单位总数10%。
■ 发展商不可出售单位予任何协助销售推广该楼盘的物业代理或中介人。
■ 发展商拣首批单位时要获市建局同意，杜绝只卖靓单位及减少托市情况。
■ 发展商董事局成员及高层人士如买单位，签临时买卖合约前要向市建局申报；签署后24小时内须公布所有成交单位数据。
■ 除第一批单位外，所有单位价单须在派发价单的一小时内张贴在售楼处。</td></tr>
</table>

续表

出台时间	政策主要内容
	四项额外措施详情如下： ■ 公正原则 · 要求合作发展商不能进行内部认购安排，只作公开发售； · 合作发展商挑选第一批出售的单位，必须得到市建局的同意； · 合作发展商不可出售任何单位予协助销售推广该楼盘的代理行及中介人，包括参与销售该楼盘的工作人员。 ■ 给予真正的用家更多机会 · 第一批出售的单位只售予以个人名义交易的买家，而以公司名义的买家都不能购买有关单位； · 每个住宅项目内，售予以公司名义的买家，不能超过整个楼盘可供购买单位的百分之十； · 在同一个住宅项目内，任何买家都不能购买多过两个单位。 ■ 要求合作发展商作出更严谨的陈述 · 如果合作发展商及其控股公司的任何董事局成员、经理级或以上的高层职员，以及根据香港交易所主板上市规则说明的相关人士，希望购买任何单位，须在签订临时买卖合约前，以书面向市建局申报。不过，为顾及私隐，我们不会要求公布姓名，只会公布有关单位由合作发展商的关联人士购入。 ■ 确保信息的发放及提高其透明度 在售楼期间，合作发展商须要在其网页发放以下信息及张贴于售楼处，包括： · 在市建局签订临时买卖合约后的24小时内，公布所有成交单位数据； · 除了第一批单位外，所有单位的价单必须在派发价单后的一个小时内发放及张贴于售楼处，而第一张价单及楼书均要依循地产建设商会的指引发放； · 合作发展商的高层职员及相关人士的成交资料，须要在市建局签订临时买卖合约的24小时内发放，基于个人私隐，买家的名字可以豁免。
2010年5月	地监局发出一手盘销售主要内容： A , 进行一手楼盘销售活动的操守 1 行事的身份： ■ 成功接触准买家后，应以书面形式向准买家交代他所属的公司只代表发展商、只代表准买家，抑或同时代表发展商及准买家。 ■ 无论代表发展商或买家，应以公平、不偏不倚态度为交易各方行事。 2 收取订金：未得到发展商授权，不得以订金或其他名义接受或向准买家索取任何款项。 3 贷款：不得向准买家提供贷款，或者提出提供贷款的建议，无论该笔款项作任何用途。 4 广告： ■ 须采取一切合理步骤，在发出广告、宣传海报、告示、小册子、单张或宣传物品之前，核实所载资料的准确性。 ■ 不可在广告中就物业的周围环境作出误导性陈述。例如在广告中将物业附近的楼宇画成为草地，不显示附近楼宇或设施，或大幅改低附近楼宇的高度。 5 售楼说明书及价目表 ■ 应建议准买家在作出任何购买决定前，细阅售楼说明书及价目表内的资料，告知准买家有关售楼说明书内已载有《预售楼花同意方案》下规定的所有数据，任何其他宣传物品并非售楼说明书的一部分。 ■ 应向准买家提供发展商的价目表内所列载的物业面积及以物业“实用面积”计算的每平方呎或平方米的价格的数据。 6 示范单位：应提醒准买家留意售楼说明书列明的单位实际面积，不要倚赖从观看示范单位所得的对单位面积的观感。 7 身份证和信用卡 ■ 除非发展商规定，不得要求准买家交出身份证及／或信用卡作任何用途。若发展商有此规定，从业员必须说明索取身份证及／或信用卡的用途，及有关要求是发展商提出的。 ■ 未得到准买家的授权不可保存准买家的身份证及／或信用卡。 ■ 未取得准买家的书面同意，不可安排以准买家的信用卡交付订金。 8 销情 ■ 未得到发展商的授权，不可公布销售数据。 ■ 若某类型单位已售罄，须清楚指出是该楼盘的同类型单位已售罄，或只是其所属公司获分配销售的同类型单位已售罄。 9 按揭：不得向准买家保证其将成功取得按揭，或就按揭贷款的条款作出保证。 B, 一手楼盘销售地点的秩序 1 委派监督以加强监控： ■ 地产代理公司须委派一名员工监督（须为持牌地产代理），负责监控被调派往一手楼盘销售地点工作的员工。有关公司应尽快向监管局提供该名监督的姓名和牌照号码。 ■ 在楼盘开售至少一天前，向监管局呈交被调派到一手楼盘销售点的员工名单。 ■ 地产代理公司及员工监督须备存一份每日在一手楼盘上班员工的纪录，并在监管局有需要时，将上述日志呈交监管局。 2 如无发展商委托，不可在一手楼盘销售点招揽生意。 3 不可对公众造成滋扰： ■ 不可站在行车道上拦截车辆或干扰驾驶人士，例如挥动宣传单张吸引驾驶者。 ■ 不可过分推销，例如阻截行人、不断游说。 ■ 不可摆放折合式台櫈、太阳伞、横额及广告牌等对象阻碍公共地方。 ■ 不得以恶劣的态度对待拒绝接受推销的行人。 C, 一手楼盘的物业资料 ■ 须建议准买家留意重要物业数据，包括实用面积的定义、价目表和售楼书等。 ■ 须提醒准买家查阅价目表、售楼书、大厦公契草拟本、政府租契。
	曾荫权宣布重启资助市民置业咨询，10年10月施政报告中交待结果

续表

出台时间	政策主要内容
2010年6月	6月1日起推行新楼销售“9招12式”增4补充措施 ■ 单位总数少于30伙的发展项目或期数，须把所有单位纳入首张价单内。 ■ 独立屋项目，仍须遵守9招12式，但首张价单不用遵守最少单位新规定。 ■ 地建会会尽快提供中文版商会指引； ■ 地政总署考虑于楼书提供地契重要条款的中文版。
	屋宇署发出有关披露总楼面面积宽免资料的新指引 ■ 屋宇署今日发出一份作业备考的修订本，要求新的建筑发展项目获批的所有总楼面面积宽免的分项数据，须在建筑图则上列明，这些资料亦会于有关发展项目完成后公布。新措施适用于今年9月1日或之后申请签发占用许可证的新落成楼宇。 ■ 屋宇署发言人表示，此项安排旨在加强公众对个别新落成的建筑发展项目获批的总楼面面积宽免的认识。修订后的《作业备考》要求就涉及总楼面面积宽免的建筑发展项目于提出申请时，须在呈交予建筑事务监督审批的最后建筑图则上，以分项形式清楚列明所有总楼面面积宽免项目的面积，包括豁免的、不计算的及额外的总楼面面积。 ■ 现时，认可人士只需在建筑图则上列明可申请额外总楼面面积项目的面积，以及某些设有总楼面面积宽免上限的设施(例如露台、加阔的公用走廊及升降机大堂、康乐设施等)的豁免面积，而其他设施，例如停车场及机房等的不计算或豁免面积，则无须在图则上列明。
	建设商会9项销售楼花新指引： ■ 销售所有未建成的一手住宅物业，都要遵守商会的售楼指引； ■ 发展商需要在公布五日内成交数据时，同时披露当中涉及发展商的董事局成员，包括：执行董事、非执行董事及独立非执行董事，以及其直系亲属的交易； ■ 示范单位需要符合一系列的规格要求，包括必须提供至少一个间隔、用料及附送的设备，完全和交楼标准一致的示范单位； ■ 小型项目(单位数目100伙以下)首张价单须提供最少30伙，或可供出售单位30%；大型项目(单位数目100伙或以上)首张价单须提供最少50伙，或可供发售单位50%，两者以较高为准；但独立屋可获豁免限制首张单位数目； ■ 以一个总数为1000 个单位的大型发展项目为例，该项目分两期落成，每期500 个单位。假设会员将第一期500 个单位分4 批出售，每批125 个单位。因此，在这4 批单位中，每批的首张价单须最少包括63 个单位（即50 个单位或每批出售单位总数的50%，以数目较高者为准）； ■ 就单位总数少于30 个的小型发展项目或某一期的发展项目而言，会员须把所有单位纳入首张价单内； ■ 开售前7个工作天，向公众提供售楼说明书； ■ 须于开售前3个工作天公布价单，包括：内部认购、预留和加推单位； ■ 楼盘宣传物品需要清晰提供有关楼盘坐落的地点和地址；发展商需要在其网页同步公布售楼说明书和所有价单；销售现楼时，要在楼盘内提供实地单位供公众参观。
2010年7月	九招十二式加码，新增两招包括： ■ 发展商须于5天内公布售出单位的同时，一并公布预计完成交易日期； ■ 若有单位取消交易，须尽快公布。
2010年8月	自8月12日起政府对发展商新要求： ■ 有关发展项目预计完工日期的资料，如预计完工日期有所更改，发展商须于五个工作天内天新有关资料； ■ 发展商于买卖合约取消后的五个工作天内公布有关资料。
	政府三招加快补地价： ■ 过往一些可建楼面面积10万m^2(107.64万平方呎)或以上的项目，可无须经地区地政处，直接由地政总署总部直接计价，现时则大幅降至1万m^2(10.764万平方呎)或以上的项目，已可直接交由总部计价，大大缩减审批时间； ■ 一些估计补地价金额在1亿元或以上的项目，亦可无须经地区地政处，而直接由地政总署总部直接计价； ■ 政府于年前，为加快审批补地价，设港岛南及港岛西估价专组，而经数年的试验后，近日增设九龙西估价专组，由该组直接计算补地价目。
	政府多招抑楼泡： ■ 增加土地供应 －9月底起公开拍卖3幅中小型住宅地皮； －将20公顷工业或商贸用地改作住宅用途； －将部分政府、机构或小区地改作住宅用途； －规划安达臣道、蓝地及南丫岛石矿场作住宅用途； －重推南昌站地皮招标。 ■ 禁止新批楼花转让 －取消楼花交易没收订金由5%提高至10%； －不排除立法规管楼花销售； －1200万元或以上物业按揭成数，上限为6成。

续表

出台时间	政策主要内容
2010年 8月	金管局收紧按揭贷款 ■ 1200万元或以上物业按揭成数，由7成降至6成 – 楼价介乎1028万至1200万的物业为“缓冲区”，贷款成数由7成渐降至6成，贷款额上限为720万。 ■ 有关按揭保险计划准则修订 – 暂停95%按保计划；暂停接受申请超过90%以上按保计划； – 90%或以下按保计划贷款上限修亢至720万（原为1200万）。 ■ 非自住物业按揭成数上限为六成 – 借款人须就物业是否为自住用途作出声明。 ■ 所有借款人的供款与入息比率划一为50%，并须进行压力测试 – 借款人不论入息水平，其供款与入息比率上限由目前50%至60%，划一为50%；借款人须同时进行假设按息升2厘的压力测试，测试中供款与入息比率上限为60%。 ■ 银行须审慎管理依据资产净值批出的按揭贷款 – 假如借款人无法提供入息证明，而以资产净值申请贷款，银行须对资产进行尽职审查，按揭成数上限亦应定于保守水平。 ■ 所有借款人须完整申报债务 – 银行应就借款人债务状况作出查核，确保资料属实。 ■ 银行须进行审慎的估值政策 – 物业估值若高于某指定水平，应进行第二次估值，并取较低者计算按揭；若估值不合理，应适当减低估值或采用更保守按揭成数。 ■ 银行须加强其信息管理系统 – 系统应能识别特别或高风险批核个案，以及足欲分析拖欠及撇账比率；金管局将与业界及私隐专员公署研究于信贷数据库中加入按揭贷款信息。

资料來源：香港中原地产研究部。

15.3 房地产市场

图15–4　香港历年楼宇买卖合约登记套数及金额（1997～2009年）

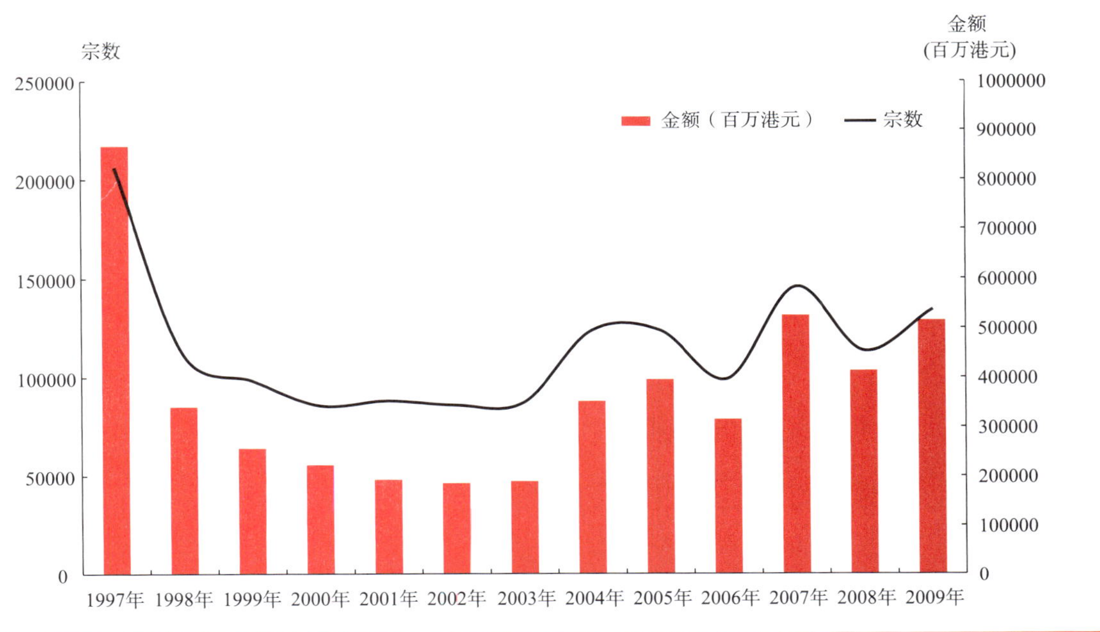

数据来源：土地注册处、香港中原地产研究部。

图 15-5　香港历年一手私人住宅买卖合约登记套数及金额（1997～2009 年）

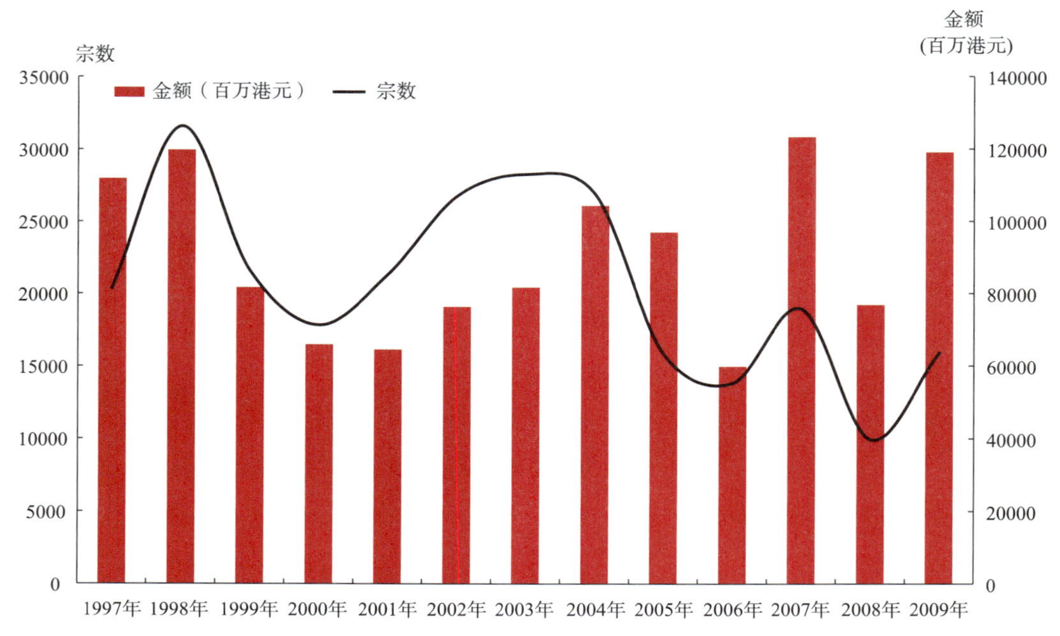

数据来源：香港中原地产研究部。

图 15-6　香港历年二手私人住宅买卖合约登记套数及金额（1997～2009 年）

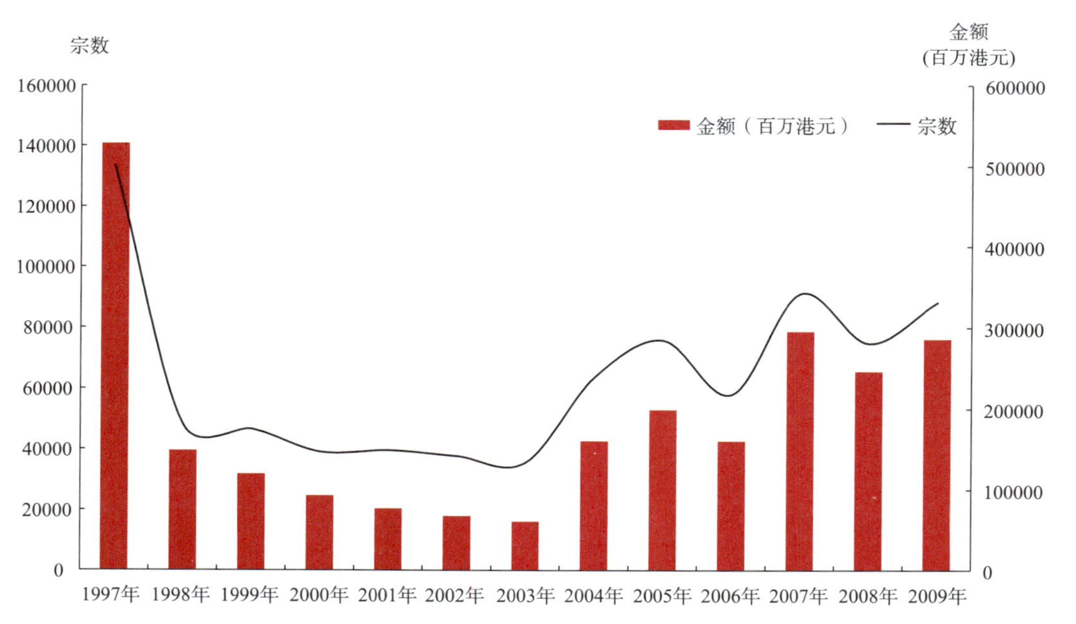

数据来源：香港中原地产研究部。

图 15-7　香港历年写字楼买卖合约登记套数及金额（1997～2009 年）

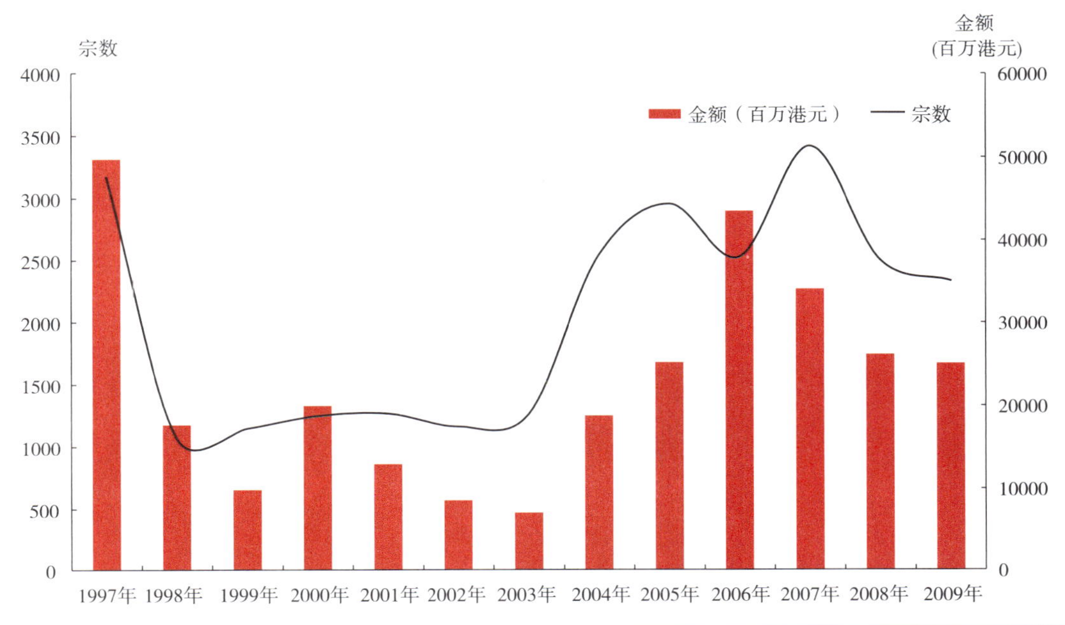

数据来源：香港中原地产研究部。

图 15-8　香港历年商业营业用房买卖合约登记套数及金额（1997～2009 年）

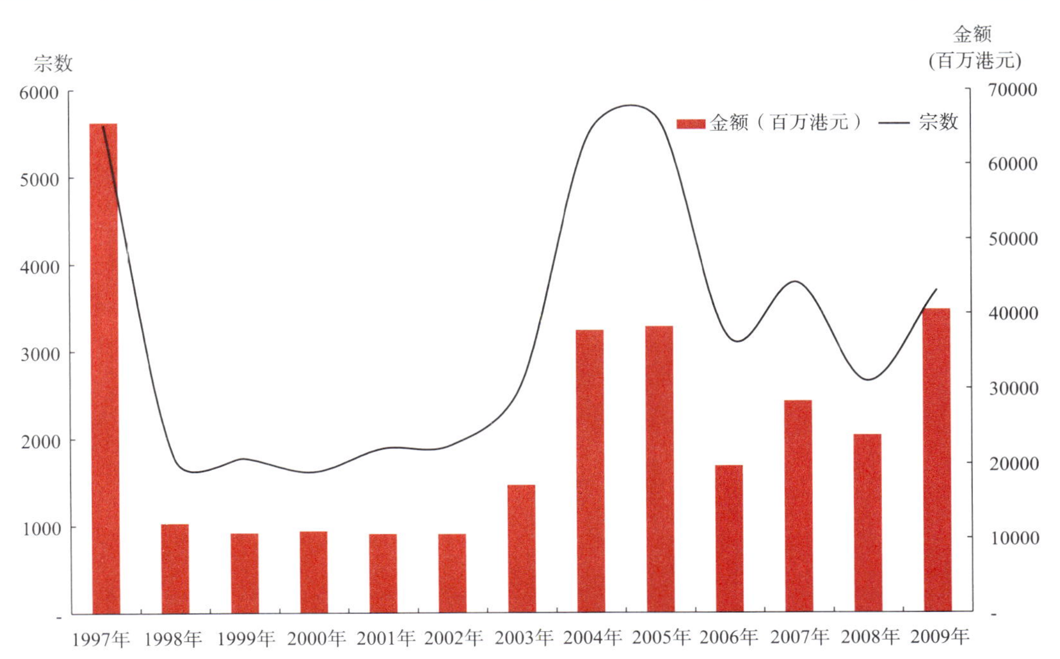

数据来源：香港中原地产研究部。

图 15-9　香港历年工业用房买卖合约登记套数及金额（1997～2009 年）

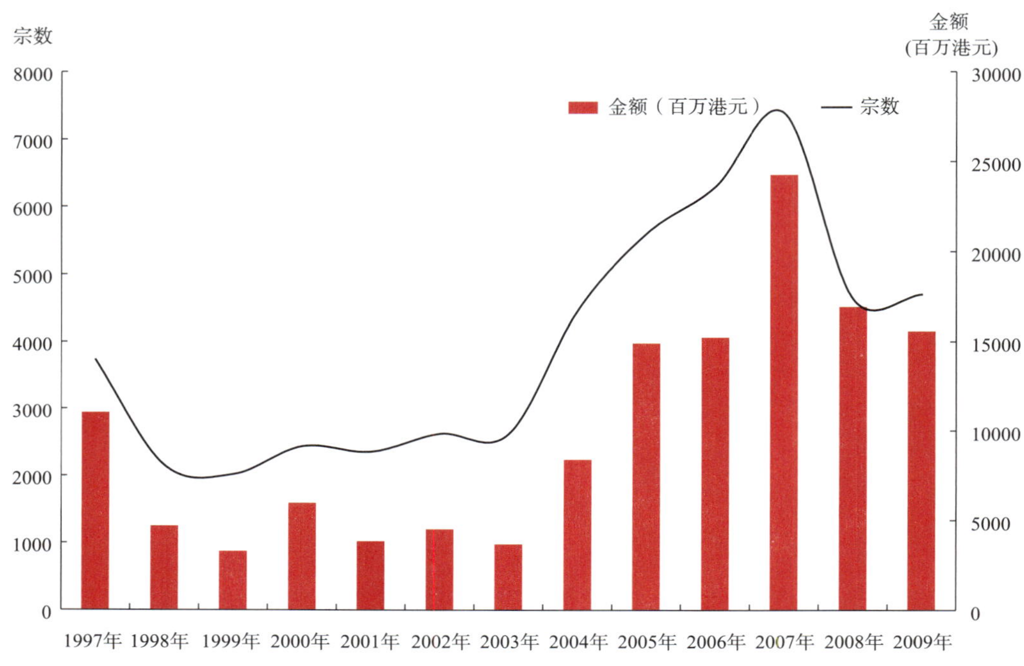

数据来源：香港中原地产研究部。

15.4 中原城市指数

图 15-10　香港中原城市指数（1994 年 1 月～2010 年 6 月）

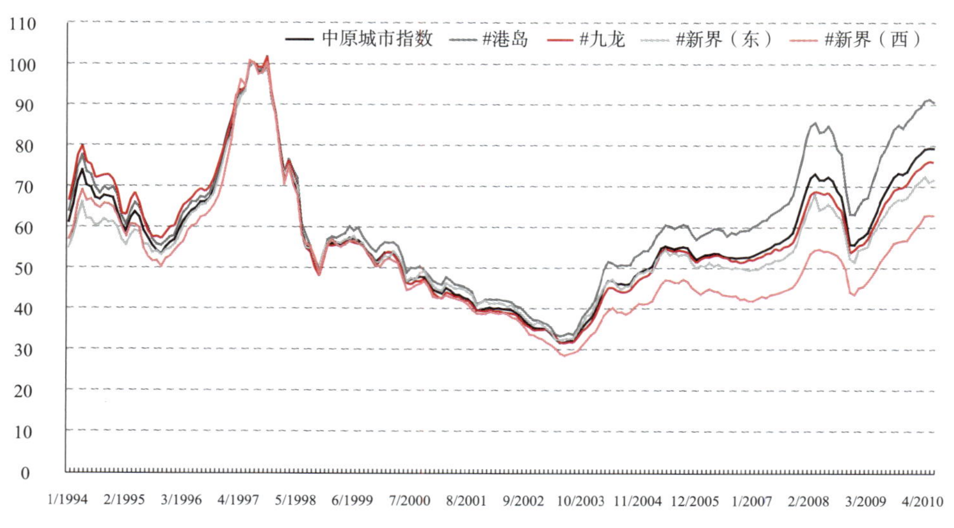

数据来源：香港中原地产研究部。

图15-11 香港各细分物业价格指数（1997～2009年）

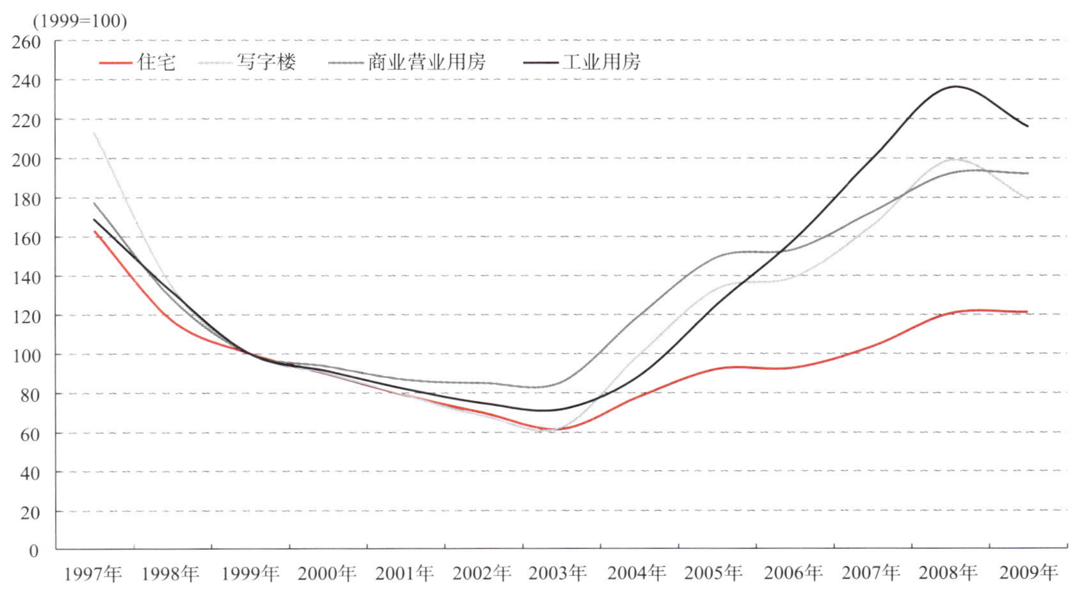

数据来源：差饷物业估价署、香港中原地产研究部。

图15-12 香港各细分物业租金指数（1997～2009年）

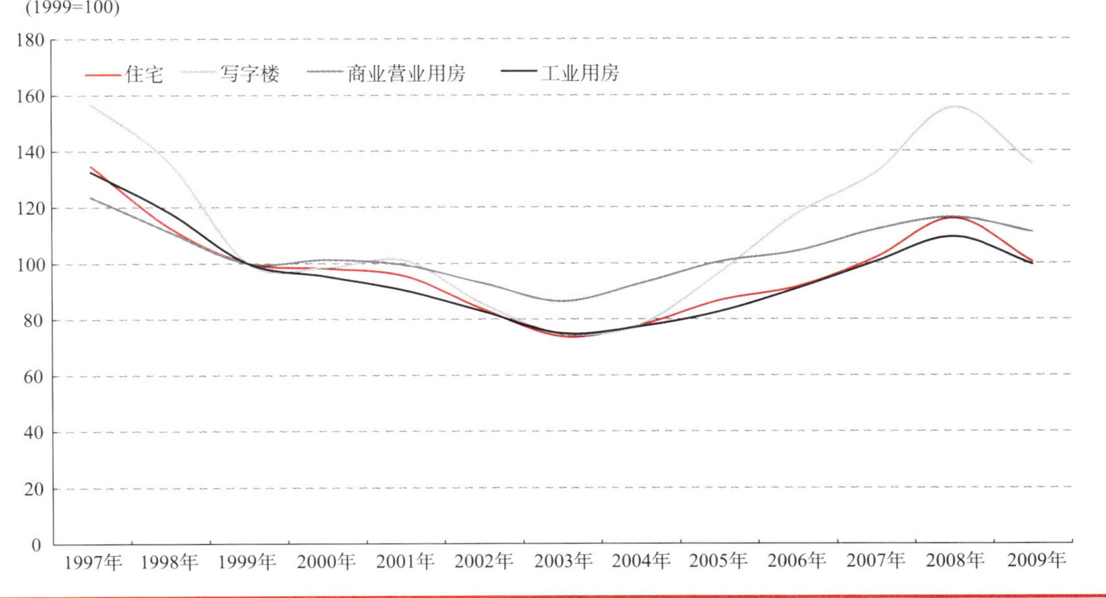

数据来源：差饷物业估价署、香港中原地产研究部。

15.5 内地买家成交比例较高的屋苑

内地个人买家比例最高一手屋苑（2009～2010年上半年）　　表15-2

项目名称	嘉亨湾（Grand Promenade）
项目地址	香港岛鲗鱼涌太康街38号
发展商	恒基兆业地产有限公司
物业座数（座）	6
住宅楼层（层）	55～58
单位总数（伙）	2020
单位面积（平方呎）	约682～1116
入伙年份	2005年
会所	园林式花园平台设于L6，设施包括380m缓跑径、亲子种植乐园、健身站、高尔夫球挥杆练习环、高尔夫球挥杆练习场、高尔夫球推杆练习场、高尔夫球用具储存室、太极练习场、棋趣间、园林茗茶角、足底按摩径、盆景地带、绿意天地、住客会所入口大堂、特大空中露台、闲座间、流水瀑布、观赏池、儿童游乐天地
项目点评	物业坐落于港岛东海岸线，大楼采用全方位向海排列，拥览近270度维港两岸壮阔景，广阔海景，由中环至鲤鱼门的维港景色一览无遗，大楼的47楼更设有海天空中花园，可以感受海天一色的美景；在实用性方面，在“嘉亨湾”标准层的住宅单位，厨房及浴室大部分家居设备均选用香港中华煤气有限公司著名品牌TGC，为住客提供最优质的家具设施。另外，在嘉亨湾住户更可享有多港元化会所设施，嘉亨湾照顾到家庭成员的娱乐休闲，另外在管理服务上，嘉亨湾为住客提供度假式管理服务，能全面兼顾住客生活所需，尽享优越

项目名称	翔龙湾（ Grand Waterfront ）
项目地址	九龙土瓜湾383号
发展商	恒基兆业地产有限公司 香港中华煤气有限公司
物业座数（座）	5
住宅楼层（层）	51
单位总数（伙）	1782
单位面积（平方呎）	标准单位：580～850 特色单位：1090～1766
入伙年份	2007年
会所	面积达12万平方呎的会所，提供10个大主题专区，60多项会所设施，包括：大型室外游泳池、室内外按摩池、蒸汽桑拿浴室、水疗设施、按摩室保龄球场、室内多用途球场、小型高尔夫球推杆练习场、多用途宴会厅、健身室、健康舞室、电影院、儿童天地、烧烤乐园及园林花园等
项目点评	翔龙湾位于东南九龙沿海，住客能饱览维港两岸的壮阔景观，整个港岛东的景色一览无遗，此外，由于位于旧启德机场旁，将来的城市规划会为物业的景观、小区的发展带来新面貌，将会面向汇集历史文化、绿茵、体育及旅游特色的市区新景点，住户能坐拥优势地段，除了拥有优美景观还有多港元化的生活质素；除了小区环境之外，物业本身的会所设施亦是极尽齐备

续表

项目名称	海桃湾（Florient Rise）
项目地址	九龙奥运站樱桃街38号
发展商	南丰发展有限公司 市区重建局
物业座数(座)	3
住宅楼层(层)	34～43
单位总数(伙)	522
单位面积（平方呎）	标准单位：约600～1400 特色单位：约1340～2000
入伙年份	2009年
会所	豪华会所设施包括室外泳池、男/女室内桑拿浴室、日光晒台、健康舞室、桑拿浴室、音乐室、休闲雅座、户外按摩池、儿童泳池、健身室、游戏室、室内儿童游戏室、平台花园及开放式有盖儿童游戏区
项目点评	海桃湾傲据九龙半岛繁华地段，约6成单位拥有上环至西环及昂船州之海景，璀璨维港美景日夜伴随，宛如天然壁画般，衬托着那别具特色的居亭。此外户户环保露台连落地玻璃门，既把阳光和清风引入屋内，亦将屋内空间向室外无限延续，物业设有豪华会所，住客能专享多项玩乐设施；此外，邻近地标商场奥海城、圆方以及朗豪坊，享乐唾手可得，未来规划当中包括了西九龙文化区，绝对是文化与娱乐荟萃的地方

项目名称	天玺（THE CULLINAN）
项目地址	九龙柯士甸道西17号
发展商	新鸿基地产
物业座数(座)	7
住宅楼层(层)	15～33
单位总数(伙)	825
单位面积（平方呎）	标准单位：约900～2300 特色单位：逾4000
入伙年份	2010年
会所	3层高的住客会所“d'Oro”设多港元化豪华玩乐设施，包括室内外泳池、餐饮宴会厅、CARAT3106、赏酒廊、酒窖、健身室、音乐室、电影院等
项目点评	九龙站物业一直是被受追捧的地段，亦是现今豪宅市场的指标，天玺作为九龙站上盖的标志物业，毗邻全球第三高的环球贸易广场，跨国企业包括瑞信、德意志银行、摩根斯坦利等大公司已经进驻，现在的九龙站已成为全新商业核心，因此，旁边的住宅自然更会显得价值非凡。天玺坐落于九龙站上盖，交通方通，占港铁东涌线、西铁线及机场线之便利，更据未来广深港高速铁路之核心地带，不论是往返香港各地以来往机场至国内海外各地，都是把距离拉近至咫尺之间；景观方面，天玺面对整个维多利亚港，除了饱览港岛区优美夜景之外，更可以观赏维港烟花，绝对是非凡级的享受。此外，天玺亦毗连名店集中的大型旗舰商场圆方，住客可享尽购物的乐趣，城市规划上，未来的九龙站旁边将会发展西九文化区，为该区带来绿色文化气息

续表

项目名称	半山一号（Celestial Heights）
项目地址	九龙何文田常盛街80号
发展商	长江实业有限公司 南丰发展有限公司
物业座数(座)	14
住宅楼层(层)	35~36
单位总数(伙)	500
单位面积（平方呎）	标准单位：约1636~2600 特色单位：约1569~3392
入伙年份	2009年
会所	半山会所Club Masterwork以欧洲现代艺术博物馆为蓝本，以多个瀑布、喷泉，法式庭院等充满欧式感觉，尽显气质优雅的一面，会所亦瑰丽无比，80m游泳池、按摩池、桌球室、瑜伽房、跳舞室、健身室、音乐房等一应俱全
项目点评	本物业坐落于九龙传统豪宅地段，地处半山150m之上，居高临下，可远眺狮子山及大帽山、维港及鲤鱼门海景，山水美景尽收眼底，拥有九龙城名校网，包括34区小学校网，传统九龙塘中学名校网，为子女的将来打好基础，如此珍贵地段，如此优质物业确实难求

项目名称	水蓝天岸（Le Bleu Deux）
项目地址	新界海滨路12号
发展商	香港兴业国际集团有限公司 香港铁路有限公司 丰隆实业有限公司
物业座数(座)	6
住宅楼层(层)	15
单位总数(伙)	524
单位面积（平方呎）	标准单位：约680~1260 特色单位：约1233~1836
入伙年份	2007年
会所	拥有多港元化的会所设施，包括：户外园林泳池、水力按摩池、日光浴场、儿童嬉水池、儿童游乐场、网球场、烧烤园地、缓跑径。会所室内设施：全天候室内泳池、男女蒸汽及桑拿室、室内全能体育馆(包括篮球场及羽毛球场)、四球道荧光保龄球场、壁球场、乒乓球室、室内儿童乐园、图书馆/阅读室
项目点评	毗邻香港国际机场，车程仅5分钟；高速地铁、快速公路网及多条24小时的巴士线与市区接轨，轻松又方便。水蓝天岸为东涌区内唯一低密度物业，住户可享有低密度的舒适居住环境，每户均享有宽阔露台或花园平台；屋苑拥有优雅园林花园及广阔的户外活动空间，并设有七个主题式儿童户外游乐场。位处最临近海湾，坐拥一望无际的辽阔机场海景，远眺汀九桥海景或享宽阔园林水景致及翠绿山景，适合爱好宁静及空间的住客

续表

项目名称	御凯 (The Dynasty)
项目地址	新界荃湾杨屋道18号
发展商	信和置业及市区重建局
物业座数(座)	2
住宅楼层(层)	45
单位总数(伙)	256
单位面积(平方呎)	约972~2963
入伙年份	2009年
会所	拥8万6千呎豪华会所的"The Dynasty Club"设施齐备，并提供各类娱乐设备，如室内及室外游泳池、烧烤乐园、宴会厅等
项目点评	御凯位于荃湾临海地段，能饱览蓝巴勒海峡、维港海景及汀九桥景；前临逾150万平方呎海滨公园，视野开扬。完善的天桥网络连接邻近主要建筑群，而且项目毗邻多个大型购物商场，娱乐购物选择多港元化。项目毗邻港铁荃湾西站及荃湾站，完善之铁路网络通达四方

项目名称	缙城峰 (Island Crest)
项目地址	香港岛中西区第一街8号
发展商	嘉里建设有限公司　市区重建局
物业座数(座)	2
住宅楼层(层)	37
单位总数(伙)	488
单位面积(平方呎)	496~3000
入伙年份	2010年
会所	拥有1万8千呎豪华会所，设备包括室外游泳池、健身室、多媒体视听室、瑜伽舞蹈室、烧烤区和宴会厅等消闲设施
项目点评	缙城峰位于香港岛中西区，每户均设有开扬露台，单位可欣赏180度维港景致、中环都会、西环市区及硫黄海峡或太平山景色。而且物业更毗邻将于2014年落成之港铁西营盘站，距离中环商业区近在咫尺，交通非常方便

续表

项目名称	港涛轩(Island Lodge)	
项目地址	香港岛北角渣华道180号	
发展商	太古地产有限公司 中华汽车有限公司	
物业座数(座)	1	
住宅楼层(层)	38	
单位总数(伙)	184	
单位面积(平方呎)	777~2665	
入伙年期	2009年	
会所	会所设施一应俱全，位于3及5楼，设施包括儿童游乐室、健身室、音乐室、室外游泳池、烧烤园地及户外儿童天地等	
项目点评	港涛轩位于北角区的珍贵临海地段，180度维港海景，幕幕动人美景昼夜呈献。单位设计以采光度及空间感为原则，每户客厅及部分特色单位睡房均采用宽阔落地玻璃设计。而且毗邻港铁站、巴士总站及东区走廊，交通便利	

项目名称	贝沙湾（Bel-Air No.8）	
项目地址	香港岛南区贝沙湾道8号	
发展商	盈科大衍地产发展	
物业座数(座)	77	
住宅楼层(层)	—	
单位总数(伙)	2875	
单位面积(平方呎)	住宅大厦单位：约595~5096 独立屋：约4645~101013	
入伙年期	2004~2008年	
会所	设有十二万呎的豪华会所，内设雅致水疗室、双人水力按摩浴缸等。物业亦设有缤纷喷泉玩乐池、180呎长水天一色无边际泳池、全海景日光浴台、儿童嬉戏泳池、写意休闲泳池、特色鱼池、全海景露天水力按摩浴池等	
项目点评	本物业外形设计自然流畅，亮丽夺目，勾勒出独特的现代建筑风格。由于物业位于贝沙湾地势高处，豁然广阔，视野无限，醉人景致一览无遗。单位内均采用名牌的高级浴室用具及厨房电器，尽显其高尚气派。此外，物业位处18区国际校网，名校林立，选择众多，实为家长必然之选	

资料来源：香港中原地产研究部。

内地个人买家比例最高二手屋苑（2009~2010年上半年）　表15-3

项目名称	君临天下（The HarbourSide）
项目地址	九龙柯士甸道西1号
发展商	恒隆地产有限公司
物业座数（座）	3
住宅楼层（层）	73
单位总数（伙）	1122
单位面积（平方呎）	标准单位：1026~1466 相连单位：2107~2193 复式单位：2100~2922
入伙年份	2004年
会所	顶级豪华会所，内里设施非常多港元化，包括空中泳池、恒温泳池、水力按摩池、儿童俱乐部、计算机室、多间钢琴室、雪茄室及数码电影院等
项目点评	君临天下是香港港铁九龙站第四期项目，全幢式玻璃幕墙，拥有270度维港烟花景及西九文化区景观，单位面积偌大，物业高耸，更能突显不凡气势，地点位于九龙站，交通四通八达

项目名称	一号银海（One SilverSea）
项目地址	九龙大角咀海辉道18号
发展商	信和置业有限公司
物业座数（座）	7
住宅楼层（层）	46
单位总数（伙）	731
单位面积（平方呎）	标准单位：约900~2000 相连单位：约3564 顶层单位：902~3300
入伙年份	2006年
会所	户外设施：户外泳池、烧烤场、网球场、园艺花园及儿童游乐场 室内设施：室内泳池/按摩池、健身室、桑拿浴室、香熏蒸汽舱/按摩室、水疗美容室、宴会厅、图书室、计算机室、儿童王国、多用途运动场、乒乓球室、桌球室、美术创艺坊、音乐室、钢琴室、乐队练习室、卡拉OK房、麻雀耍乐房
项目点评	位处大角咀的一号银海临海而建，享有维多利亚港及油麻地避风塘景观，高层享开扬海景，主要提供3房和4房单位，而且交通便利，邻近港铁奥运站，故深受中产人士欢迎。一号银海的会所名为“Club One”，是由国际著名的室内设计公司Hirsch Bedner Associates 设计，充满大都会风情，而其中名为“SliverPool”的室外泳池，采用无边缘设计，仿佛与蓝天碧海接连，饱览整个壮丽景观

续表

项目名称	礼顿山（The Leighton Hill）
项目地址	香港岛大坑乐活道2B号
发展商	新鸿基地产发展有限公司
物业座数(座)	8
住宅楼层(层)	30～31
单位总数(伙)	552
单位面积（平方呎）	标准单位：约1206～2238 相连单位：约3270～4393
入伙年份	2002年
会所	物业园艺花园及会所占地逾10万方呎，住客会所包括室内恒温泳池各室外泳池、健身室、宫廷式宴会厅、室外花园宴会厅等。而礼顿山亦提供礼宾司服务，提供宠物护理、活动策划，更有安排陪月服务、家居维修、清洁、外佣管理等
项目点评	礼顿山坐落于跑马地，是港岛东的传统豪宅地段，静中带旺，环境清幽，深受不少名人明星的青睐。礼顿山建于小山岗上，占地逾46万方呎，8幢物业一字形排开，景观开扬，全部单位饱览开扬马场景，远眺中区、铜锣湾及远山

项目名称	毕架山一号（One Beacon Hill）
项目地址	九龙毕架山道1号
发展商	长江实业有限公司
物业座数(座)	16
住宅楼层(层)	第12及3座：7 第5至12座：15 第15至18座：12 第19座：11
单位总数(伙)	607
单位面积（平方呎）	标准单位：1324～1551 相连单位：2367～2391 复式单位：2221～2900
入伙年份	2004年
会所	设有瑞士豪华酒店式会所，各种设施应有尽有，包括宴会厅、电影院、小型音乐演奏厅、桌球室、名酒雪茄鉴赏室、健身室、桑拿浴室、JACUZZI、SPA天与地、全天候豪华室内外相连恒温泳池等 大特色园林：奥地利仙乐园、法国艺术花园、英国宫廷式艺林。
项目点评	毕架山1号是属于低密度住宅项目，所有单位为3房及4房连套房，地方宽敞，依山而建，被群山包围，更能俯瞰整个九龙区，空气清新，环境宁静。物业坐落名校网，住户有专车接载到邻近港铁站，方便出入

续表

项目名称	港景峰（The Victoria Towers）
项目地址	九龙尖沙咀广东道188号
发展商	长江实业集团有限公司 和记地产发展有限公司 中信泰富有限公司
物业座数（座）	3
住宅楼层（层）	52
单位总数（伙）	988
单位面积（平方呎）	约678～1304
入伙年份	2003年
会所	5万方呎豪华会所共六个主题，空中花园、巨型超级市场、商务中心、健美室、健身室、桑拿蒸汽浴室、按摩室、芭蕾舞室、太阳灯室、红酒鉴赏区、美姿廊、动感影院、计算机文娱阁、池畔茶座
项目点评	港景峰位处尖沙咀九龙公园西北角，前临九龙公园，远望维港景致，独享九龙公园及维港双景。港景峰距离尖沙咀闹市中心仅5至10分钟的路程，购物饮食娱乐十分方便，附近有港铁佐敦站及西铁线的柯士甸站，往来市区及新界地区均十分便利

项目名称	凯旋门（The Arch）
项目地址	九龙柯士甸道西1号
发展商	新鸿基地产有限公司
物业座数（座）	4
住宅楼层（层）	52～55
单位总数（伙）	1054
单位面积（平方呎）	1房单位：528～602 2房单位：712～760 3房套房+工人房：1101～1338 4房双套房+工人房：1650～1925
入伙年份	2005年
会所	凯旋门设有全港独有500呎高空的摩天会所（Sky Club），设于物业中空部分，会所内设长达25米的特色天池，楼高约7.7m，是九龙站最大规模的室内泳池，面向维港至鲤鱼门海景，住客可以一边畅泳，一边欣赏维港景致
项目点评	凯旋门由新鸿基地产花了四年时间精心策划，派出专人前往伦敦、东京等大都市，考察当地顶级豪宅及酒店的设计和用料，又派出专人到意大利米兰家俬展览，选购欧洲名牌家俬和装饰。本物业位处九龙站，地理位置优越，有港铁连接各区，交通方便，离中环商业区仅数分钟车程。此外，物业毗邻新建大型购物中心Elements，各式名店食府集中，购物消闲可于一地尽享

续表

项目名称	擎天半岛（Sorrento）
项目地址	九龙柯士甸道1号九龙站上盖
发展商	会德丰地产有限公司 九龙仓集团有限公司
物业座数（座）	5
住宅楼层（层）	61～74
单位总数（伙）	2126
单位面积（平方呎）	831～1800
入伙年份	2003年
会所	擎天半岛会所提供超过 30项设施，包括室外泳池、意式主题公园、水力按摩池、桌球室、香熏舒展室、健身舞蹈室、视像游戏室、互联网休闲雅座、太极园、网球场、多用途运动场、亲子种植场等
项目点评	擎天半岛位处港铁九龙站上盖，以5幢73～81层的高层建筑组成，可以360度俯瞰维多利亚海港的迷人景致。擎天半岛基座为大型购物商场圆方，总面积达100万方呎，云集国际级名牌、商铺及高级食肆，戏院溜冰场所等消闲娱乐设备一应俱全。而物业位处港铁九龙站上盖，到香港站车程只需 5分钟，搭机场快线赴机场，车程少于半小时，站内更设有市区预办登机柜位。住户亦可乘过境巴士往返深圳机场，交通配套完善

项目名称	浪澄湾 (The Long Beach)
项目地址	九龙海辉道8号
发展商	恒隆地产有限公司
单位座数（座）	8
住宅楼层（层）	46～47
单位总数（伙）	1829
单位面积（平方呎）	728～2046
入伙年份	2004年
会所	拥有六星级贵族会所Long Beach Club，内设户外无边际泳池、室内泳池、健身室、网球场、滚轴溜冰场等；并内设两层高LB Mansion，下层为豪华宴会厅，以供住客租用
项目点评	浪澄湾位于西九龙区，毗邻奥运站及西区海底隧道，交通非常便利，而且名校汇聚，徒步往奥海城二期的商场，只需约10分钟；另外亦设有住客穿梭巴士来往奥海城二期，绝对是旺中带静的好选择。而单位实用率高，房间、厨房、浴室间隔均四正，非常实用

续表

项目名称	宝翠园 (The Belecher's)
项目地址	香港岛薄扶林道89号 
发展商	信德集团有限公司 新鸿基地产有限公司 新世界发展有限公司 廖创兴企业有限公司
物业座数(座)	6座
住宅楼层(层)	44～48
单位总数(伙)	3306
单位面积(平方呎)	852～1830
入伙年份	2000～2001年
会所	宝翠园的住客会所，设施齐全，包括 25m室内恒温泳池、50m户外泳池、水力按摩池、健身中心、多港元智能儿童王国、有盖及户外网球场、桑拿及蒸汽浴室、长者活动室、壁球场、室内外用途运动场、休憩雅座、芭蕾舞室、玩具图书馆、研习室、桌球室、桌球室、健康舞/舞蹈室、高尔夫球推杆场及园艺花园等
项目点评	宝翠园位处香港岛西半山的贵重地皮之上，邻近港铁未来香港大学站，距离中环商业区近在咫尺，而屋苑设有225000平方呎的“西宝城”商场，日常生活购物非常便利。而且区内名校林立，与历史悠久的高等学府香港大学只是数分钟的距离，绝对是家长为子女未来前景的理想家园

项目名称	尚翘峰 (The Zenith)
项目地址	香港岛湾仔道3号 
发展商	华人置业有限公司 市区重建局
物业座数(座)	3
住宅楼层(层)	40～43
单位总数(伙)	652
单位面积(平方呎)	约579～879
入伙年份	2006年
会所	拥38000万呎豪华会所，设备完善，当中包括户外泳池、水力按摩池、健身室、桌球室、桑拿及蒸气浴室等，为住客提供各色各样的会所设施
项目点评	尚翘峰位处港岛区湾仔的贵重地皮之上，物业位处港铁湾仔站，交通四通八达，距离中环商业区近在咫尺。物业亦邻近繁华商业购物区铜锣湾，附近有地标时代广场，悠闲生活与娱乐饮食，应有尽有。另外，区内名校林立，校网优良，是培养子女成才的好居所，亦是上班族置业的首选

资料来源：香港中原地产研究部。

第16章 澳门公屋及典型居屋简介

16.1 澳门公屋及相关政策简介

近年，澳门人口随着经济及社会的不断发展而逐年递增，当中以外劳及内地新移民的增加最为明显，澳门原有的住宅数量已经不能满足日益增长的人口需求，再加上澳门基层市民频频传出“楼价高、置业难”的声音，故此，特区政府在2007年的施政报告中首次提出，在2012年底前兴建19000个公屋单位，以满足基层市民的住屋需求。其中，社屋①已落成的项目共有2606个单位，正在兴建中的单位则有2400多个；而经屋②项目则包括2010年落成的永宁街经屋880个单位，及氹仔TN27地段兴建中的2703个单位，和青州坊地段四的500个单位，另石排湾及青州坊的公屋项目亦可提供超过10300多个单位。

澳门主要公屋概况表 表16-1

项 目	规 模	简 介
望厦社屋	588个单位	预计动用3.5亿澳元，建成2幢37层楼宇，两幢塔楼下层裙楼形成一个集公共巴士转运站、三层地库公共停车场、两层平台空中花园休憩区以及社会设施于一体的综合大楼，望厦体育馆亦将重建成五个楼层的室内场馆，较现时体育馆面积大五倍。其中，第一期望善楼已于2010年7月尾正式落成。
筷子基社屋	884个单位	属公屋重建计划之一，筷子基平民新村将在2010年内完成调迁。
俾利喇街公屋	346个单位	预计2010年底动工，计划兴建一幢32层高大楼，总建筑面积约为32100m²，单位多为两房一厅。项目争取2012年落成，以商住及公众停车场功能设计，地面层包括商业、电单车及私家车停车场出入口与住宅大堂，将提供约210个电单车泊位，一楼及二楼作为私家车泊车专用，提供140个轻型汽车泊位，其中4～22楼每层14户，23～32楼每层8户，每户实用面积由42m²至44m²不等。
青洲社屋	1000余个单位	位于青洲河边马路及菊花巷内青洲山脚的青洲社屋，分别命名为青雅楼、青翠楼及青松楼。其中，青雅楼将于2011年落成；而由两幢36层高大楼组成的青翠楼，共可提供672个单位、256个私家车位、583个电单车位；另外，同样楼高36层的青松楼，为长者社屋，可提供252个单位。
永宁经屋	880个单位	位于黑沙环，单位间隔由1房厅至4房厅，面积由400呎至1200呎。
石排湾公屋	6800个单位	由2010年8月开始投入动工的石排湾公屋项目，设计以两房厅单位为主，面积控制在约50m²左右，预计2012年完成整个项目，届时可提供6800个公屋单位，是众多公屋项目中单位数量最多的一个。
氹仔公屋	2700多个单位	项目位于氹仔美副将马路TN27地段，将兴建六幢46至48层公屋，提供2700多个单位，属于离岛近年公屋计划中第二项大型工程。

① 社屋是由政府兴建或由政府提供土地批予发展商投资兴建，完工后将单位回报给政府，政府以低廉的租金租予低收入或有特殊困难的家庭租住。社屋起源于临时救济，具有慈善性质。

② 经屋也是澳门公屋计划之一，将有学校、活动中心及商铺等配套的社区房屋以低于市场的价格出售给中下阶层人士，经屋计划出售的重点对象为住满三年社屋的居民及其他符合要求的申请人。

图16-1　澳门“氹仔公屋”（左）和“俾利喇街公屋”（右）外立面示意图

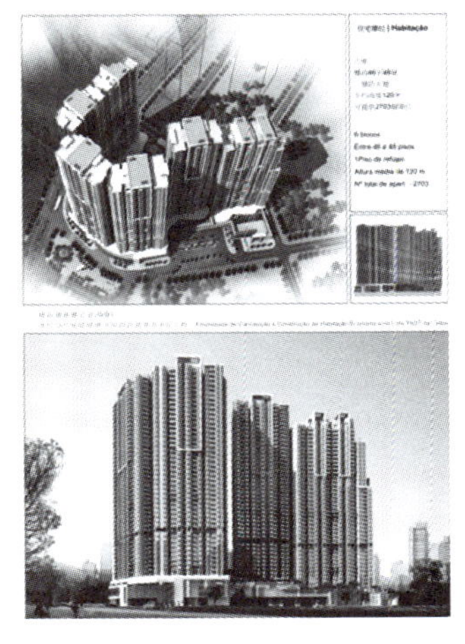

16.2 澳门十大楼盘简介

澳门十大楼盘　　表16-2

项目名称	澳门凯旋门
项目地址	澳门外港新填海区A2/J地段
发展商	凯旋门发展有限公司
物业座数（座）	1
住宅楼层（层）	57
单位总数（套）	309
单位面积（平方呎）	1694～5220
入伙时间	2009年
会所	私家保龄球场、数码影院、桑拿室、蒸汽浴室、多功能宴会厅、儿童游乐室、麻雀室等
项目点评	澳门凯旋门位于皇朝区，该区为澳门最优越的商娱及豪宅中心，周边星级酒店林立，屋苑本身也有大型娱乐场及豪华酒店配套，而且会所设施尊贵，再加上完善的物业管理服务，让住客随时尽享大都会的现代生活感觉

续表

项目名称	大潭山一号
项目地址	澳门凼仔昔日瞭望台大马路
发展商	世纪豪园（国际）
物业座数（座）	5
住宅楼层（层）	33
单位总数（套）	309
单位面积（平方呎）	约2100～3500
入伙时间	预计2010年
会所	高尔夫球场、羽毛球场、网球场、壁球场、雪茄廊、宴会厅、电影馆、瑜伽馆、水疗坊等
项目点评	大潭山一号雄踞路凼之繁华核心，邻近澳门国际机场、路凼边检大楼，并毗连澳凼大桥、西湾大桥、友谊大桥等主要干道和兴建中的轻轨铁路，交通便利。加上项目用料尊贵，会所设施丰富，让住客足不出户都可享受多姿多彩的生活

项目名称	海名居
项目地址	澳门黑沙环东北大马路
发展商	保利达集团
物业座数（座）	5
住宅楼层（层）	3～13，15～38
单位总数（套）	约881
单位面积（平方呎）	约1225～2236
入伙时间	2006年
会所	10万呎帝王式平台花园及住客会所，包括户外及户内游泳池、水疗按摩池、桑拿浴室、网球室、桌球室、健身室及儿童游乐场等多项设施
项目点评	海名居位于东方明珠区，兴建中的港珠澳大桥的落脚点，往澳门港澳码头只需2分钟，往珠海关闸只需2分钟，而往澳门国际机场也只需15分钟，交通十分便利，未来港珠澳大桥落成后，该区将成为香港及珠海通往澳门的第一扇窗口，地点十分优越

续表

项目名称	海擎天
项目地址	澳门林茂海边大马路 
发展商	新天康投资股份有限公司
物业座数(座)	4
住宅楼层(层)	56
单位总数(套)	约1288
单位面积(平方呎)	约900～1600
入伙时间	2010年
会所	18万呎全海景双层园林会所，设施多达60多项包括室内恒温泳池、室内羽毛球场、桑拿室等
项目点评	海擎天坐落于游艇会旁，尽享优美景观，区内生活配套一应俱全，再加上屋苑本身丰富的会所设施，一切娱乐不假外求

项目名称	海天居
项目地址	澳门黑沙环东北大马路 
发展商	保利达集团
物业座数(座)	5
住宅楼层(层)	45
单位总数(套)	约1300
单位面积(平方呎)	约700～1400
入伙时间	预计2012年
会所	健身室、舞蹈室、保龄球室、电影室、宴会厅、桑拿室、游泳池、儿童游乐场等
项目点评	海天居位于东方明珠区，兴建中的港珠澳大桥的落脚点，交通便利，而且区内豪宅项目林立，使该区的住宅项目备受注目

项目名称	濠庭都会
项目地址	澳门氹仔哥英布拉街
发展商	氹仔新城市发展
物业座数(座)	13
住宅楼层(层)	单数座2～37，双数座2～23
单位总数(套)	约1788
单位面积(平方呎)	1050～2505
入伙时间	2007年
会所	桑拿室、健身室、多用途娱乐室、电影院、卡拉OK室、宴会厅、儿童游戏区等
项目点评	濠庭都会由荣获 ISO 9001 国际认证的管理公司专责管理，服务专业周到。保安方面，屋苑采用先进智能卡系统，为住客打造安心的生活。服务方面，住客可尊享额外提供的豪宅式管家服务。此等高质素服务，在澳门现时的屋苑中可谓非常罕有

项目名称	花城(包括花城、太子花城、至尊花城、超级花城)
项目地址	澳门氹仔布拉干萨街、大连街、埃武拉街、哥英布拉街
发展商	中宝发展有限公司，文根建筑置业有限公司
物业座数(座)	18
住宅楼层(层)	花城(利伟、利业、利鸿、利图：5～34，利厚、利丰、利盛、利茂、利盈：3～38)， 太子花城：6～52及6～43， 至尊花城：6～43， 超级花城：3～37
单位总数(套)	花城(利伟、利业、利鸿、利图：720，利厚、利丰、利盛、利茂、利盈：1080)， 太子花城：582， 至尊花城：444， 超级花城：184
单位面积(平方呎)	花城(利伟、利业、利鸿、利图：991～2668，利厚、利丰、利盛、利茂、利盈：1208～1475)， 太子花城：1520～3610 至尊花城：2060～4120 超级花城：1066～2087
入伙时间	1997～2009年
会所	无
项目点评	花城是氹仔内一个大型的老牌屋苑项目，屋苑以大单位为主，完全针对用家需求，单位间隔四正实用，加上屋苑附近生活配套完善，即使项目没有会所设施，仍然受到用家热捧

续表

项目名称	寰宇天下
项目地址	澳门黑沙环中街
发展商	中国海外
物业座数(座)	5
住宅楼层(层)	45~7
单位总数(套)	约1000
单位面积(平方呎)	1069~1850
入伙时间	2007年
会所	呇里人造沙滩、45m园林游泳池、艺术柱廊、湖泊喷泉、烧烤场、儿童游乐场、池畔水吧、保龄球场、电影院、桑拿浴室等
项目点评	寰宇天下位于豪宅林立的东方明珠区内，邻近兴建中的港珠澳大桥的落脚点，交通四通八达，屋苑会所设施应有尽有，让住客足不出户亦可尽享悠闲度假感觉
项目名称	君悦湾
项目地址	澳门友谊桥大马路U+U1地段
发展商	三友发展
物业座数(座)	5
住宅楼层(层)	45~49
单位总数(套)	625
单位面积(平方呎)	1207~2448
入伙时间	2009年
会所	酒店式会所，划分为四大专区：悠闲国度、户外天地、动感地带、香熏之园，设施包括：多功能宴会厅、游戏室、音乐室、图书馆、海中泳池、健身室、儿童玩乐场等
项目点评	君悦湾坐落于兴建中的港珠澳大桥的落脚点，交通网络完善，项目座拥无敌海景及珠海情侣路海岸线，屋苑会所设施丰富，动静皆宜，让住客置身其中尽享其乐、忘却世俗烦嚣，重拾身心舒泰
项目名称	一号湖畔
项目地址	澳门外港新填海区B区B2街区B地段
发展商	拾富物业股份有限公司
物业座数(座)	7
住宅楼层(层)	32~38
单位总数(套)	约796
单位面积(平方呎)	约654~3006
入伙时间	2009年
会所	会所约50000平方呎，园林花园约68000平方呎，设施包括无边际游泳池、室内恒温泳池等
项目点评	壹号湖畔坐落于美高梅金殿及澳门永利度假酒店之间，项目90%单位可饱览南湾湖、西湾湖及三条大桥之独有景致，该区为澳门的商业、娱乐中心点，是澳门最尊贵之地段

资料来源：中原(澳门)市场部。

Photo by: Hu wenkit 胡文杰 (www.pdoing.com)

Company
公司

港 澳 | GANGAO

香港中原地产代理有限公司

中原（澳门）

香港中原地产代理有限公司

一、公司简介

香港中原地产代理有限公司于1978年成立，最初于港岛代理住宅物业买卖。中原的管理文化、创新的精神及公平合理的报酬制度，吸引一群销售精英加盟，业绩愈见理想，规模也愈来愈大。经过逾30年的发展，"中原地产"现已成为一个中港知名的地产代理品牌，而中原地产代理有限公司则成为中原集团的旗舰公司。

中原地产提供各类住宅、写字楼、工商厦、厂房、商铺、车位及地皮等物业的租售代理、项目策划及按揭转介服务。怀着"不炒楼、不食价"的宗旨，把业主委托的放盘全数引进市场，让买家有最多的选择、亦把出价最佳的买家推荐给业主。凭着"公开信息、公平交易"的信念，中原地产提供丰富的市场信息及分析，包括创立多个地产信息网站——中原网页、中原地图、中原资料，及反映二手住宅楼价走势的中原城市指数，协助顾客于瞬息万变的地产市场中辨别危机、争取机遇，达至公平的交易。

作为行业的领导者，中原更建立愿景；未来继续发挥创新精神，在服务上为消费者多加增值，"凭创见 走到更前"，成为最强地产代理。

中原地产的服务及品牌

<table>
<tr><th></th><th>住　宅</th><th>豪　宅</th><th>工商铺</th></tr>
<tr><td>品牌</td><td>中原地产</td><td>中原豪宅
STATELYHOME</td><td>中原(工商铺)</td></tr>
<tr><td>服务内容</td><td colspan="2">● 物业租售代理
● 楼盘宣传推广
● 招标及独家代理项目策划管理
● 并购项目
● 按揭转介
● 联系集团其他公司，提供测量、估价、拍卖、按揭及投资移民等服务</td><td>● 物业租售代理
● 楼盘宣传推广
● 并购项目
● 按揭转介
● 提供估价、可行性研究等服务</td></tr>
</table>

公司领导：

中原集团主席－施永青先生

施永青先生现为中原集团主席。集团旗下业务包括地产代理、测量估价、资产管理、人事顾问、财务、数据整合及地图软件等。2005年，施永青更创立am730，每日撰写“C观点”，议论时事，分享营商心得。施永青先生积极参与社会服务、学术活动及慈善工作。

中原地产港澳总裁－黄伟雄先生

除了发展中原地产于港澳两地的业务，黄伟雄先生更兼顾中原的员工训练及企业社会责任，担任中原训练学院顾问委员会副主席、中原精英会创会会长及中原慈善基金主席。

黄伟雄先生亦积极参与公职，现为香港专业及资深行政人员协会副秘书长、香港品牌发展局理事、特区中央政策组泛珠三角小组委员。

中原地产住宅部董事总经理－陈永杰先生

陈永杰先生于1986年加入中原；1989年擢升为分行经理；1992年成为中原地产新界区区域董事；2002年擢升为中原地产董事总经理，负责整个中原地产住宅部。

全方位市场信息－中原地产的网站

中原地产的网站	成交个案	楼价走势	放盘推介	物业资料	物业图则	物业相片	新盘资讯	物业招标	物业短片	市况评析	地图资讯	研究报告	公司资讯	物业环境资讯	专栏/专辑	专业推介
中原网页 www.centanet.com	●	●	●	●	●	●	●	●	●	●	●	●	●	●	●	• 代理个人筍盘Blog • 楼市分析 • 楼盘360
中原地图 www.centamap.com	●	●	●	●	●	●			●		●			●		• 地图找房
中原豪宅 www.statelyhome.com.hk			●	●		●	●	●	●			●			●	• 豪宅大使馆
中原（工商铺） www.centaline-cis.com			●	●		●	●	●		●		●	●			
中原数据 www.centadata.com	●	●		●	●	●										• 中原城市领先指数
中视网 www.cpn.com.hk							●		●						●	• 按Mort通讯特辑 • 验楼有序专辑 • 九龙湾特辑 • 活化工厦特辑

专业训练

中原地产一直致力为顾客提供优质专业的地产代理服务，为使公司旗下员工不断增值，中原地产成立的中原训练学院，定期提供资格考试精读课程、迎新课程、管理工作坊、专题讲座及持续专业进修活动。持续专业进修活动分为核心课程（管理及督导技能、专业操守、执业知识及应用和地产代理业语言技能）及非核心课程（包括物业估价、业务管理、市场推广技能及技巧及财务服务）。这些训练让同事在个人素质和事业发展不断提升，并继续为客户提供优质的代理服务。

为了进一步提升整体服务素质，中原训练学院与香港大学潘锦溪商业研究学院合作安排中层管理人员修读的“优质顾客服务”证书课程。截至2010年上半年，完成十届课程，逾330位分行经理以上级别的中、高层管理人完成课程。该课程的内容采用了不少地产代理业界个案作研究及参考，从而协助学员掌握理论及提出改进服务流程的相关建议。

另外，中原地产亦积极鼓励旗下的员工参与各项业界大型比赛如杰出销售员大奖等，参赛途中又提供特别训练让其有充分准备轻松胜出比赛，每年均有同事获得杰出销售员大奖，成绩斐然。

品牌推广

多年来，中原地产都贯彻“公开信息 公平交易”的宗旨，打造多个物业信息网站，公开信息；更与香港城市大学合作建立一套模型，每周计算出香港二手住宅楼价的指数 ——“中原城市指数”。为了进一步巩固这个形象及推广“中原城市领先指数”，中原地产于2010年制作了一辑电视广告片，特别打造一队乐队 ——“精算机动”，以精算师形象出场的音乐组合，配以度量衡量度器制造的乐器，唱出中原城市指数，形式新颖。

企业社会责任

中原地产一直强调地产代理于社会上的角色与功能，近年更加强员工的训练及完备服务监管。同时，亦于其他范畴参与社会活动，包括赞助学术活动，捐助及支持社福机构，参与义工服务等。于中原地产的架构中，中原精英会及中原义工队均推动这方面的工作，而集团中更有中原慈善基金，资助社福活动。

香港中原地产最近一年荣获的奖项

奖　项	主办单位
香港有品企业	香港有品运动、树仁大学、快乐人生活杂志
信誉品牌2010金奖	读者文摘
2009~2010 Yahoo!感情品牌	香港雅虎
“人才企业1st”称号	雇员再培训局
香港骄傲企业品牌 2009 －消费者大奖 －评审团大奖 （地产代理服务类别）	明报 香港中文大学市场学（理学）硕士课程
“商界展关怀”标志2002~2010	香港社会服务联会
服务第壹大奖 2010	壹周刊
香港企业领袖品牌2010 －卓越豪宅物业代理品牌	新城财经台

5 years+
商界展關懷
caring company
社聯
We Act because we care.
Employee • Environment

新城財經

TOP SERVICE AWARDS 2010
Top

The Chinese
Association of

1st
人才企業
ERB
人才企業嘉許計劃
Manpower Developer Award Scheme
erb

VOTED BY CONSUMERS
Digest
TRUSTED BRAND 2010
Gold
Hong Kong
Awarded to: Centaline Property
Category: Property Agent

二、中原精英会 多姿多彩

“中原精英会”是中原地产的尖子组织，于1990年成立。现时，精英会分为鹰会（地产代理）及狮会（主管及经理）两种会籍。前线员工必须达到公司设定的年度佣金收入/成交宗数标准，才获邀加入精英会。

经过多年的发展，“中原精英会”的功能不止在确认及表扬优秀员工的工作表现，更为会员提供多元化训练，让他们建立多元才能。精英会的活动，除了每年的迎新活动外，其他均由精英组成的筹委会筹划及推行，包括境外拓展交流、高尔夫球赛及筹款活动等。

2010年 精英会到上海参观世博，并得到上海同事的款待，安排参观上海的豪宅，了解上海楼市近年的发展。

2010年 环保体验之旅－参观挪亚方舟：精英会一行多人参观位于马湾的挪亚方舟环保展馆，并参与探险家李乐诗博士的极地之旅与保育环境讲座。

2010年 精英会筹委会：精英会的筹委会由营业部的代表与后勤支持人员组成，2010年度的会长是写字楼部的陈叔仲Peter、副会长为将军澳的谭桂贞Crystal。

2009年 海南岛之旅：海南岛近年为内地热门的度假胜地，别墅式住宅的数量亦趋增升，精英会多位主管级员工于2009年尾曾到海南一游，既参观当地最新的物业，亦顺道享受阳光海滩。

2009年 支持及参与国际白杖日步行筹款

2009年 慈善保龄球赛：2009年的慈善保龄球赛再度为“救世军中原慈善基金学校”筹款，主要是资助学校于礼堂安装空调设备，及开办课后功课辅导班。

三、中原义工队

“中原义工队”的成立，旨在于中原地产内推动义工文化，建立一个服务社会的社群，一方面贯彻中原地产回馈社会的理念，另一方面为员工提供极具意义的工余生活，帮助社会上有需要的人士。中原义工队的活动多元化，不限于某类服务对象或性质，务求增加参与员工的社会接触面。

中原义工队以后勤员工为骨干，组合前线营业员、地产代理及其家属参与义工活动。义工队亦不局限于已登记的特定组群，举凡有义工服务，中原均会通告全体员工，让有兴趣的报名参加，以推动全公司参与义务工作的文化。

BATHING APE

香港聖公會黃大仙長者綜合服務中心
香港聖公會家庭生活教育組(黃大仙西貢)
公會黃大仙長者綜合服務中心
BATHING APE

（1）加强内部交流 扩大服务层面

每年的周年餐舞会，香港中原的总裁都会透露翌年的公司发展方向，2010年的其中一个方向，是加强中港联动，发挥中原集团于国内的优势。因此，2010年中原地产的确举办了不少中港联动的活动，次数及规模都较以往为多。同时，即使香港内部的各个团队，都加强沟通联动，尤其是工商铺及豪宅两个副品牌的销售团队，更定期举办交流汇。

中港联动

其实“中港联动”，早在几年前已开始，不过次数较为疏落。于营业部方面，主要由中原精英会牵头，并以参观楼盘活动为主。然而，发展到2010年，在交流活动的性质、范围及密度都有所提升。而联动的层面，可以粗略分为三个层面：

■ 工作层面

灵活的营业队伍，不时就中港澳三地的楼盘跨境销售事宜，进行合作沟通。2010年上半年，就有多个楼盘推销活动，包括位于中山的“白朗峰”，中原中港澳三地的同事齐心推销。香港中原地产的同事更一行40人到现楼参观，更于三月时假尖沙咀举行预售展销。

另外，香港亦把一些豪宅带到内地路演，包括“皇璧”及“嘉御山”，在深圳及广州等进行路演，并加入香港的投资教育讲座。得到内地同事的支持，路演及讲座均非常热闹，并促进两地同事一同推售楼盘时的合作。

■ 参观、联谊层面

要促进同事多合作，集合不同地域销售团队之努力及优势，员工之间需要多认识，建立人际网络。因此，各地方公司都会组织精英团，到其他地域去参观楼盘。最大型的一次是三月份，内地近22个省市为数200位精英同事及管理层，一同到香港来。参观多个大型楼盘之外，更参与了中原香港的主管会和核心员工讲座；讲座由集团主席施永青先生亲自主讲。而200位内地同事更与香港近300位主管共进午餐，藉此建立大家的网络。

中原精英会亦不断促进此类交流，广州精英会2010年3月份就曾到香港一游，当然不忘参观香港的楼盘。至于香港的精英会，过去多年曾先后到访北京、上海、大连、广州及深圳，每到一处均会与当地的同事聚首，建立关系网。

■ 经验交流层面

每年都会举办不同的全国经验交流会议/业务会议，如二级市场会议、信息科技训练会议等，香港中原亦积极参与这些会议，了解不同地方的业务运作、市场形势、竞争情况等，亦能吸收各地老总对于营运的理念及市场的看法。

商豪群英汇

而于香港中原内部，打通部门与部门间的沟通之门亦是提升成盘能力之重要元素，尤其对于企业客户及大款而言；因为这些客户的投资组合，不止限于一类物业，地产代理能推介不同的物业作投资选择，对客户来说是挺方便的，相对的成盘的机会亦提高。

因此，中原每两个月便举行聚会，让“中原（工商铺）”及“中原豪宅STATELYHOME”这两个副品牌旗下的团队，能定期聚首，交换市场信息。每次聚会都会邀请另一些团队，如大中华高端物业香港办公室，推介盘口或分享。

这些层面的联动，的确有助打通中原地产内部经脉，让中原的全国优势更有效发挥。顾客借着中原地产的全国优势，可以作出轻松的跨境物业买卖，这将对中原的业绩提升有更大的裨益。

（2）维护盘源运动 保障顾客及公司利益

如何保顾客户的个人资料近日成为香港的热门话题。中原地产早已关注保障顾客资料的议题，更发现保护顾客资料与保障公司盘源（房源）有着密切的关系。作为地产代理的一员，中原地产觉得应防患于未然，故此于2009年成立维护盘源委员会，推行维护盘源运动，提高员工于这方面的意识，以便同时保障顾客及公司的利益。

维护盘源委员会由来自住宅及工商铺的分行经理及后勤代表（市务部、计算机部、人力资源部及中视网）组成；以营业部董事为主席（2009年至2011年的主席为港岛东/北角/湾仔铜锣湾的何伟强Danny），法律部主管为副主席。而港澳总裁黄伟雄Addy及中央事务董事苏丹莉Melody则出任顾问。

委员会的工作主要是宣传/教育。首先于内联网设立专区，阐释委员会成立的目的及工作，展示不同部门的员工如何参与推行维护盘源运动及报告运动最新的消息。

委员会又制作了多款海报及宣传品，提醒员工谨慎处理顾客数据及盘源信息。同时，委员会推出了一个视讯特辑，以案件重演的方式，将行内一些侵犯顾客数据及出卖盘源信息的个案展示出来，包括当事人所得的惩罚等，警醒员工。

2010年第二季，一个代表着出卖客户数据及盘源信息的角色——“飞盘怪”诞生。透过飞盘怪这角色，让员工明白作出泄露数据的行径是何等讨厌。而委员会更度身订造了一套话剧，将飞盘怪的恶行及最终所受的惩罚公诸于世，以宣传公司维护盘源的决心。

宣传之外，委员会还从盘口系统着手，增强功能，以监察相关数据的查询及存取活动，藉以防止数据泄漏。

委员会亦对顾客作了一项调查，由2010年开始，向经中原地产交易的物业原业主，发放加入维盘内容的“顾客服务满意度”问卷。就2010年第一季的问卷资料，我们发现了一个有趣的情况，就是在放盘过程中遇到数据外泄情况的原业主，对代理服务的满意度，普遍较没遇到这种情况的低。在香港，业主放盘通常会委托三至四间代理行，估计遇到这种情况的原业主不知道数据由那一间代理行外泄，所以对代理的整体印象打了折扣。但从这些数据可以得到启示，就是保护顾客数据及维护盘源信息，不论对公司的形象及业务，均有益处。

維護盤源運動

不可失 不可載 維護盤源 誠信所在

使命 | 職能及架構 | 委員會發布室 | 我的參與 | 維護盤源熱線 2523 1102

最新消息

活動：
護盤話劇_劇照

活動：
推出維盤滑鼠墊

新聞稿：
成立「維護盤源委員會」

宣傳海報

10月份宣傳海報

7月份宣傳海報

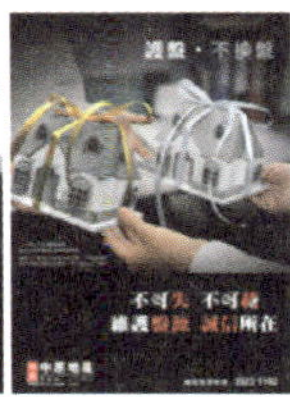

宣傳短片

維護盤源宣傳片（跳槽篇）

維護盤源宣傳片（老友閒談篇）

維護盤源宣傳片（護盤行動正式啓動）

維護盤源宣傳片（互相幫忙篇）

分行參與情況

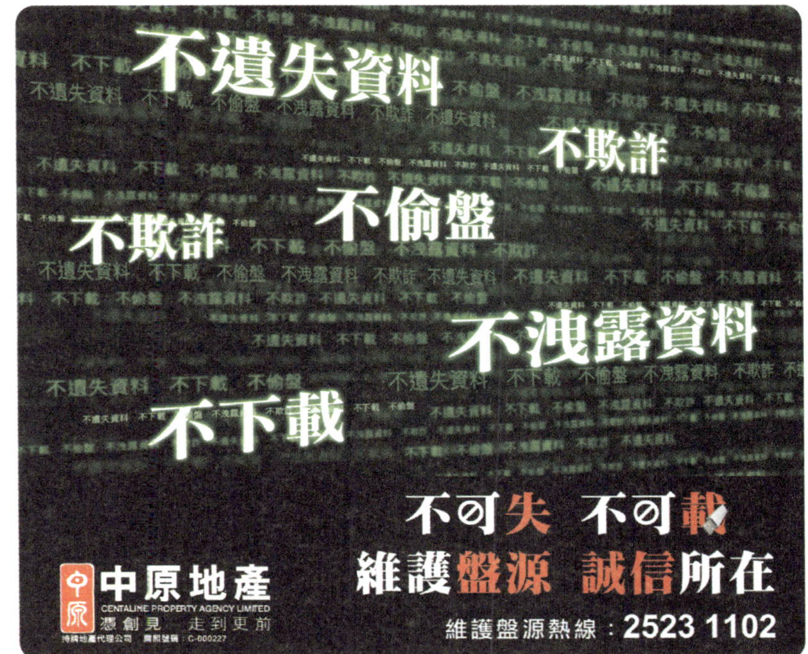

我的參與

維護盤源運動

不可失 不可截 維護盤源 誠信所在

維護盤源 － 我的參與

「維護盤源運動」保障中原員工、顧客及中原地產的利益。
改善業界「飛盤」「射客」等情況，需要您的支持及參與。

作爲前線員工

- 秉持誠信、保持廉潔，不因金錢或其他誘惑而出賣盤源；
- 了解法律責任及後果，潔身自愛，不從事「飛盤」及「射客」等非法行爲；
- 拒絕與行家交換盤源資訊；
- 將盤源資料保密，未得公司同意，不可將盤源資料發放予第三者，緊遵員工合約、員工手冊及維護盤源概要行事；
- 遇到「偷盤」、「飛盤」及「射客」等非法行爲，要向上司反映，或致電公司的維護盤源熱線，不要讓惡行蔓延。

作爲分行/分區/區域經理

- 謹慎處理放盤資料與客戶資料，以身作則，提倡誠信及廉潔意識；
- 熟悉法律責任及後果教導下屬如何做好護盤工作；
- 留意下屬與行家之關係；
- 在日常工作中，及電腦科技的協助下，監察保護盤源的情況 (參考經理指引)；
- 遇到「偷盤」、「飛盤」及「射客」等非法行爲，要向上司反映，或致電公司的維護盤源熱線，不要讓惡行蔓延。

作爲營業董事

- 在日常工作中，及電腦科技的協助下，監察保護盤源的情況 (參考經理指引)；
- 支持及參與委員會的活動；
- 對參與維盤運動的前線員工作出鼓勵；
- 協助前線管理人監察盤源保護情況；
- 遇到「偷盤」、「飛盤」及「射客」非法行爲，要與監察部研究，並針對問題作出正確的處理。

作爲後勤同事

- 潔身自愛，拒絕參與「偷盤」「飛盤」及「射客」等非法行爲；
- 將盤源資料保密，未得公司同意，不可將盤源資料發放予第三者，緊遵員工合約、員工手冊及維護盤源概要行事；
- 謹慎處理放盤資料與客戶資料；
- 協助推行維護盤源運動，包括留意網頁的資料發放及提醒前線同事護盤訊息；
- 過到「偷盤」、「飛盤」及「射客」非法行爲，要向上司反映，或致電公司的維護盤源熱線，不要讓惡行蔓延。

（3）由“网上找房”至“电话找房”

提到网上搜房，中国内地很早已开始“网上搜房”，且成效显著。于香港物业市场，以往楼盘推广多集中于报刊分类广告、派传单或铺点橱窗。然而，近两年互联网的应用一步千里，社交网站大行其道；而流动电话平台的发展更急速，多种智能手机面世，随之而来的是成千上万的应用程序，让用户可以在手机上处理消闲及处理多种事情，甚至是理财。加上香港楼市升温，中原地产遂把握时机，于2010年大力开发“行动笋盘”及“中原按揭”两个手机应用程序。

由iPhone开始

由于iPhone掀起全球热潮，所以中原在开发手机程序时，先以iPhone做试点。2010年的7月份，首先推出“行动笋盘”程序，得到相当良好的反应，一个月内已录得逾五万个程序下载，而透过此程序寻找房源的数字亦不断上升。

“行动笋盘”程序，可让手机用户透过手机浏览中原网页上的房源推介，其功能包括：

“网上搵楼”——可以分区屋苑或条件搜寻方式寻找房源，并加入代理的相片和推介，或可以说加入了一些代理个人笋盘Blog的功能。

“焦点一手”——市场热门的开发商项目数据。

“楼盘360”——用手机也能找到以屋苑为中轴的专页，了解各大型屋苑的楼价走势、基本数据及环境信息等。

“中原按揭”程序，则让用户透过手机浏览多个楼宇按揭计划，计算每个计划的供款额，选择了合适的计划后，并可递交数据，让中原的员工跟进。

推广到多个平台

截至2010年第3季，于香港推出的智能手机平台包括iPhone、Android、Symbian 、Bada及Window Mobile这几种，中原地产亦会一一顾及，开发适用于这些平台的程序，务求让顾客有更快捷方面的渠道，接触中原地产的房源与前线代理，亦体现中原地产“凭创见 走到更前”的精神。

五、图片集——香港中原员工活动

2010年春茗

非营业部门活动

其他活动

中原（澳门）

公司简介

自赌权开放后，澳门经济日益蓬勃，而地产市道更是一片畅旺。中原集团很早便洞悉到澳门的商机必定无限，故已于2003年作出全面部署，并于2004年10月正式成立中原（澳门）地产代理有限公司。在短短时间内，业务不断扩充，虽然期间经历过金融海啸低潮期，但依然无损公司的发展信心，包括2010年增设的2间分行在内，至今共拥有1个总部及5个营业地铺，共10支营业队伍，分行遍布于澳门及凼仔各区，分有住宅部、商业部及商铺部，员工人数超过85人。中原（澳门）一直秉承“不炒卖，不吃价”的集团传统，全心全意为客户提供最全面贴心的服务，同时透过不同的渠道和途经发布最新的市场信息，提高市场的透明度，优化行业运作。

中原（澳门）的服务范围广泛及完善，其中包括：全澳各区地铺、住宅、商场、写字楼及零售物业租售、买卖服务；承接独家代理；招标服务；主题商场、项目策划及市场推广；发展商项目统筹；度身定做各零售据点之客户推广；提供贴市及详尽的市场信息和走势；为世界各地客户提供专业移民顾问服务等等。

凭着专业可靠的服务，中原（澳门）至今已在澳门竖立起优良品牌并与各大投资者、企业财团及发展商等客户建立了紧密的合作关系。为扩展业务范围，中原（澳门）提出了创新的“大澳门概念”，除专注本地的房地产市场外，更放眼邻近地区如香港及国内，致力为顾客寻找更多更有潜力的房地产投资商机。

澳门房地产市场发展日渐成熟，然而本地的信息发放仍未够完善，中原（澳门）一向致力公开信息，借以提高市场的透明度，为向公众发放最新、最快的信息，中原（澳门）设有中原（澳门）网页（http://www.centaline-macau.com），方便公众随时搜寻澳门楼市信息。有鉴于澳门弹丸之地，本地市场比较狭窄，为更有效地把业务推向国际市场，中原（澳门）从2010年下半年开始，将更着力利用网络媒体作为宣传推广及发放信息的主要渠道，正紧锣密鼓筹备的“中原（澳门）地图”及“笋盘Blog”计划于下半年推出，届时澳门楼市的最新信息将更快、更有效地发放给公众。另外，中原（澳门）亦从2010年9月开始编制“月刊”供市民免费取阅或邮寄至相关的顾客，定期向顾客提供市场信息。

另外，中原（澳门）为保持公司的服务水平，以应付房地产市场的庞大需求，于2010年4月成立中原训练学院（澳门分校），培育业界人才。希望透过举办不同的培训课程，为同事们提供终身学习的机会，培养整体素质，成为杰出的地产代理从业员。而且澳门来年预计会实行地产代理发牌制度，中原训练学院（澳门分校）将会开办相关课程，加强同事们的专业技能，帮助同事顺利考取地产代理牌照，为澳门业界培育优秀、杰出的地产代理从业员。

澳门精英会

澳门中原2010年上半年楼市回顾记者会

中原澳门壹号湖畔分行开幕